KB141488

사업정의와 경영전략

Business Definition

사업정의와 경영전략

정영복, 김옥중 지음

한스컨텐츠

▌구본무 LG 회장

우리의 일하는 방식과 사고의 틀이 기존방식에서 벗어나지 못한다면 일등LG는 고사하고 생존을 걱정해야 할지 모른다.
고객 관점에서 사업을 재정의하고 차별화된 가치를 제공할 수 있도록 경영방식을 바꿔야 한다. 고객 중심으로 사업구조를 재편하라.

– 2005년 7월 임원세미나에서

▌박노빈 삼성에버랜드 사장

사업을 할 때 업(業)의 개념은 매우 중요하다. 빠르게 변하는 시대에 맞추어 끊임없이 업의 개념을 바꾸고 그에 맞추어 변화해야만 살아남을 수 있기 때문이다.
에버랜드의 업의 변화: 초창기 – 국토개발, 변화기 – 놀이공원, 도약기 – 엔터테인먼트, 현재 – 테마파크.

– 2005년 5월 한양대 엔터테인먼트 석사과정 특강에서

▌전 하버드 경영대학원의 레빗(Levitt) 교수

산업성장의 한계도달은 시장이 포화상태가 아니라 경영에 실패하였기 때문이라고 지적했다.
예) 당시 미국의 철도산업 쇠퇴는 마케팅 근시안 때문인데, 철도사업을 운송산업(사업의 정의)이 아닌 단순히 철도(Railroad)산업이라고 보았기 때문에 자동차 · 트럭 · 비행기 · 전화 등 경쟁사업에 시장을 내주었다.

– 논문: 〈마케팅 근시(Marketing Myopia)〉

▎베인 & 컴퍼니 – 컨설팅을 시작할 때 하는 질문

"귀사가 경쟁하고 있는 사업의 정의는 무엇입니까?"

"귀사의 핵심사업은 무엇이고 잠재적인 경쟁우위의 원천은 무엇입니까?"

– 수익을 동반한 지속적인 성장의 기반은 그 회사의 핵심사업에 대한 명확한 정의라는 것이다.

– 갑자기 정체해버린 많은 기업들은 핵심사업을 재정의할 필요성을 인식하지 못했거나 필요성이 분명해도 과감하게 행동하지 못한 것으로 나타났다.

▎《핵심에 집중하라》(크리스 주크 · 제임스 앨런 지음, 이근 외 옮김, 청림출판)

핵심사업을 근본적으로 재정의하는 작업은 점점 중요해지고 있으며, 산업 격변의 빈도가 증가하면서 이제 일상적인 일이 될 것이다. 그러나 역사는 성공적인 전환이 매우 드물다는 사실을 보여준다. 지난 10년간 지속적인 가치를 창출한 240개 기업의 역사를 조사하면서 우리는 핵심사업의 재정의를 경험한 기업들은 30여 개에 불과하다는 사실을 발견했다.

사업(재)정의의 기본출발은 사업뿐 아니라 해당 제품/서비스에 대한 고정관념을 바꾸는 것이다.

2003년 모토로라에 신임 CEO가 부임하면서 "모토로라에 부족한 것은 기술력보다 고객"이라 하고, 고객이 원하는 것을 만들자는 비전을 공표했다. 그 후 2년간 레이저폰을 개발하면서 새로운 성장방향을 만들어내었다.

레이저폰은 2004년 7월 출시 이후 5000만 대 이상 판매되어 성공을 거두면서 모토로라의 부흥을 이끌었다. 기능보다는 휴대성을 중시하여 카메라, MP3 등등의 여러 가지 기능보다 기본기능만 갖춘 휴대편리성을 성공의 핵심 포인트로 했다. 즉, 기능의 업그레이드보다 디자인, 재질의 감촉 등 감성적인 면을 중시했다. 이는 고객이 원하는 새로운 가치를 찾아 경쟁 패러다임을 완전히 뒤바꾸어 놓은 것이다. 즉, 휴대폰은 기능성 중심의 사업이 아니라 편리성 · 휴대성도 중요하다는 사업개념을 주지시킨 것이다.

모든 기업이 전략을 수립 · 실행하고 있으나 결국 성공하는 기업은 소수에 불과하다. 성공하지 못하는 기업의 공통적인 요소 중의 하나는 동태적인 시각에서 전략을 바라보지 못한다는 점이다. 이익극대화를 위해 수립된 전략의 큰 흐름은 빠르게 변하지 않을 수 있지만, 그 전략을 실행하는 실천 계획과 방향은 산업흐름이나 경쟁사의 대응방법에 따라 빠르게 변해야 생존할 수 있다.

혁신은 경쟁우위를 구축하는 것이 아니라 다른 전략을 추구하는 것이다. 이제는 경쟁우위가 아닌 다른 전략을 구축해야 한다. 백지에 다시 그려보는 데 기존모델의 변형이 아닌 새로운 사업모델로의 변화가 필요하다. 따라서 단순한 제품차별화가 아닌 비즈니스 모델에 대한 혁신이 필요한 것이다.

혁신은 아이디어를 구체화하여 가치를 창출하는 능력이다. 새로운 발명보다 고객에게 필요한 가치를 만들어서 빨리 전달하는 능력이 더 필요한 시기인 것이다. 즉, 만들어 파는 것보다 가치를 창출하고 가치를 제공하는 방법으로 사업모델이 변화하고 있다.

일반적으로 '경영' 이란 이익극대화를 창출하는 활동이라고 한다. 이는 기업이 가지고 있는 제한된 모든 자원을 효율적으로 활용하여 성과(이익)를 달성하는 활동이라 할 수 있다. 따라서 어떤 경우 매출이 감소하더라도 이익을 많이 창출하면 경영의 성과는 좋다고 할 수 있다. 그런데 '전략' 은 경영과는 좀 다른 성격을 가지고 있다. 전략은 이기는 방법을 연구하는 활동이다. 시장에서, 경쟁에서 뒤처지면 안 된다. 즉, 어떻게 하면 이길 것인가를 생각해야 한다. 그러나 지금까지 우리 기업들은 어디에 더 의사결정의 비중을 두었는가?

우리 산업의 전통적인 특성으로 자본재 장치산업이 중심이 되어 시장창출보다는 자체 혁신에 중점을 두고 공정 단축, 생산성 향상, 업무효율성 증대에 더 많은 시간을 할애해왔다는 점을 들 수 있다.

그 방법으로는 TQM(Total Quality Management), 벤치마킹(Bench Marking), BPR(Business Process Reengineering), 다운사이징(Downsizing), 아웃소싱(Out-sourcing), ERP, CRM 등등 많은 경영기법들을 도입 · 활용하였다. 이러한 내부혁신은 시장성장과 고객에게 기업가치를 전달하는 데는 한계가 있었으나 제품/서비스 중심의 시장구조에서는 극복이 가능한 상황이었다.

그러나 지금 기업은 어떤 시장상황에 있는가? 몇 년 사이에 더욱 많이 나타난 치열한 경쟁(기존의 경쟁자뿐 아니라 새로운 경쟁자도 출현), 빠른 기술변화(산업 간 장벽의 붕괴), 고객요구의 증가와 다양성(감성적 욕구 증대) 등 시장환경의 변화로 일상적인 경영활동(경쟁자보다 원가를 낮추고, 비슷한 제품을 빠르게 내놓는 전략)에서는 더 이상 기업의 생존을 보장할 수 없는 현실이 되고 있다. 이러한 변화는 새로운 형태의 경쟁역량을 갖추도록 요구하고 있다.

일반적으로 산업변화에 따른 경쟁요인 추세를 보면, 산업화 초기의 경쟁력은 누가 먼저 기술적으로 뛰어난 제품을 만드느냐가 중요했다. 그 이후에는 가격경쟁이 주류를 이루다가 이 단계를 거치면서 경쟁요소가 고객 중심으로 이동했다. 최근에 와서는 비슷한 기술력, 기업별 차별화된 우위 감소, 치열한 경쟁상황 등 빠른 시간 내에 너무 많은 변화가 일어났다.

이제는 내부혁신이 아닌 시장을 정확히 알고 적절히 대처하는 능력이 더 절실히 필요한 시기가 도래했다. 즉, 시장 중심의 전략이 요구되고 있는 것이다. 그 때문인지 시장 중심 전략을 다룬 블루오션(프랑스, INSEAD 경영대학원 김위찬 · 르네 마보안 교수) 서적과 용어가 매우 인기가 있었다. 이 밖에 창조적 파괴(미국, 하버드대 크리스텐슨 교수), 러브마크(사치 앤 사치 CEO 케빈 로버츠), 역발상 등의 단어도 인기가 있었다.

이제는 시장전략가가 필요한 시기다. 시장을 볼 줄 알고, 읽을 수 있으며, 대처방안을 제시할 줄 아는 종업원이 필요하다. 또 조직구성원을 시장전략가로 가르치고 키워내야 한다.

기업이 성장하는 방법에는 두 가지가 있다. 하나는 차별적인 기술을 보유하여 시장 내에서 우위를 점하는 것이고, 다른 하나는 차별화된 사업방법을 가지고 비교우위를 구축하는 것이다. 전자인 기술의 차별적 우위는 좋은 방법이나 이를 갖추기란 매우 어려운 일이다. 따라서 후자인 사업방법 차별화가 많이 선택되고 있다. 현재 대다수가 기술보다는 사업방법의 차별화를 통해 핵심역량을 구축하여 성공한 기업들이다. 사업방법 차별화란 같은 산업에 속하거나 같은 사업을 하고 있어도 경쟁사보다 차별화된 가치를 제공함으로써 시장에서 경쟁우위를 갖추는 것이다.

사업방법의 차별화를 위해 우선적으로 해야 할 사항은 무엇인가? 사업방법의 차별화를 위해서는 우선 핵심역량의 방향을 결정해야 하는데, 이의 방향을 제시하는 것이 사업의 정의다. 즉, 사업을 어떻게 이끌어 갈 것인가 하는 기본적인 방향을 정하는 것이다.

예를 들면, 비용절감 및 생산성 향상을 통한 원가경쟁력을 핵심으로 할 것인가(제조업), 제품/서비스의 기능과 디자인을 개선하여 고객의 선호도를 높일 것인가(마케팅업), 고객의 편리한 구매를 위한 기능을 강화할 것인가(유통업), 고객에게 새로운 편리성 · 첨단성을 제공할 것인가(서비스업) 등 기업역량의 중심을 어디에 두느냐에 따라 사업의 성격과 방법이 달라지는 것이다. 물론 실제로 구축하는 것이 말처럼 그리 쉬운 일은 아니다.

IBM, 레인콤(MP3), 크리스피도넛, CGV, Swatch, 델, 미샤, 싱가포르 항공, 군인공제회 등은 현재 시장에서 성장이 높은 회사들이다.이러한 회사들의 특징은 우리가 일반적으로 생각하는 특별한 발명품이나 자기만의 기술을 갖추지 않았어도 해당사업이 시장에서 인기도 높고 지속적인 성장을 하고 있다는 것이다.

이들 회사의 성공요인은 제품력, 기업정책, 서비스 등등 여러 가지 요인이 있으나 같은 사업이라도 사업방법을 달리한 것이다. IBM · 레인콤 · 크리스피도넛 · Swatch는 제품이 좋아서, 델 · 미샤는 가격이 저렴해서, 싱가포르 항공 · CGV는 서비스가 좋아서, 군인공제회는 정책전환 등으로 성공을 했다. 여기서 우리가 심도 있게 확인해야 할 사항은 성공전략, 정책, 실천사항 등에 실제로 내포되어 있는 의미와 내용을 정확히 파악해보아야 한다는 것이다. 즉, 실제 성공한 회사들이 추구하고 있는 사업방향(핵심역량)을 파악하여, 이를 정립하고 활용하는 연구가 필요하다.

비(非)IBM 출신으로 최초의 CEO가 된 루 거스너 회장은 IBM이 위기에 처한 원인 중 하나는 제조와 판매 중심의 기업문화라는 것을 확인했다. IBM 임직원들이 컴퓨터에 대한 지식은 많았지만, 컴퓨터가 제공하는 가치들에 대해서는 확실히 모르고 있다는 사실을 파악한 것이다.

이에 루 거스너는 고객과의 접촉을 최우선 사항으로 설정했다. 고객의 목소리에 귀를 기울이는 기회를 만들고 고객들이 원하는 것은 하드웨어와 소프트웨어를 결합한 문제해결에 필요한 솔루션이라는 걸 파악하게 된 것이다. 네트워크의 요소에 해당하는 제품을 대부분 지니고 있던 IBM은 하드웨어 중심의 판매에서 벗어나 소프트웨어도 함께 제공하는 솔루션 판매 회사로의 변모에 성공할 수 있게 된다.

IBM의 성공과 같은 솔루션 사업은 다양한 사업부를 지닌 국내 기업이 시도해볼 수 있는 좋은 아이템이 될 수 있다. 목표고객의 요구에 부합하는 솔루션을 제공함으로써 고객만족을 높여 수익성을 개선할 수 있기 때문이다. 무엇보다 중요한 것은 이러한 솔루션 사업에는 고객에 대한 이해가 필수라는 점이다. IBM이 고객의 사업 프로세스를 철저하게 이해했듯이 목표고객에 대한 이해도가 높아야 고객이 필요로 하는 제품이나 서비스를 식별하고 제공하는 것이 가능해지기 때문이다.

2005년 3월 IBM은 고객에게 좋은 이미지를 갖추고 있으며 아직도 사업여건이 괜찮았던 PC사업부문을 중국 레노버에 12억 5000만 달러에 팔았다. 개인용컴퓨터를 세계에서 최초로 만들었던 PC종가 사업을 접은 것이다. 많은 사람들이 놀란 하나의 대사건이었다. 그 이전에 IBM은 세계최대 회계법인인 프라이스 워터하우스 쿠퍼스(PWC)의 컨설팅부문을 인수했다. 그리고 IBM은 서비스기업이라고 선언했다. 영위사업 중 자기 회사의 핵심역량이 아니라고 생각하면 과감히 떨쳐버리고 미래의 유망사업으로 변신을 시도한 것이다. 앞으로는 컴퓨터 운영, 유지, 관리 사업을 선정하여 핵심역량을 갖추려고 한 것이다. 즉, 컴퓨터 유지보수(Maintenance) 회사로 변신을 했다. 물론 슈퍼컴퓨터 사업은 아직도 하고 있지만 IT기술과 컨설팅을 결합한 서비스가 매출의 50% 이상을 점유하고 있으며 계속 증가하고 있다. 그리고 지금은 선정한 사업에 더욱 전문성을 추구하고 있으며, 컴퓨터 사업보다 더 오랜 기간 동안 전망과 수익성을 갖추게 되었다. 그래서 IBM은 이제 컴퓨터 제조회사가 아니라 컴퓨터 소프트웨어 개발 및 유지보수회사가 되었으며, 종업원의 구성과 역할도 재정립하여 실행을 하고 있다.

이와 마찬가지로 델컴퓨터는 컴퓨터를 판매하지만, 공장도 없고 점포도 없는 주문식 온라인 판매회사이다(컴퓨터 제조업→온라인 판매업). 레인콤은 새로운 디자인을 첨가했고(MP3제조업→패션업), 미샤는 양질의 저가제품을 쉽게 구매하도록 했으며(화장품 제조업→염가유통업), 싱가포르 항공은 다른 항공사에서 경험할 수 없는 고객응대 서비스를 제공했다(항공사업→서비스업). 그리고 크리스피도넛은 도넛 맛이 이렇게 맛있을 수 있다는 것을 가르쳤고(도넛 제조업→맛서비스업), 군인공제회는 자금활용의 방법을 바꾸어 펀드매니저로 변신을 하였다(공제 및 자금관리→투자사업). 이처럼 성공적인 회사들은 경쟁사와 같은 사업, 제품이지만 차별화된 사업정의를 가지고 블루오션을 개척하고 있다.

중요한 것은 지금까지 우리의 사업환경과 시장여건이 외국보다 경쟁적이지 않아서 그리 중요하게 느끼지 않았다는 것이다. 그러나 최근 몇 년 사이에 고객과 경쟁의 변화는 시장에 적합한 기업의 변화를 요구하고 있다. 그 결과 아예 사업내용을 바꾼 회사도 있다. 즉, 시장변화와 고객욕구의 진화에 따른 기업의 핵심역량을 재정립하는 것이 매우 중요한 것이다.

이렇게 사업환경의 변화에 따라 왜 핵심역량을 새롭게 정해야 하하는지(왜 주문식 온라인 판매업, 패션업, 맛 서비스업이 되어야 하는지)를 확인하고 명확한 사업방향과 핵심역량을 갖추는 것을 사업의(재)정의(업의 재정립)라고 한다. 이러한 방법은 기업의 성장을 위해 가장 필요한 기본방법 중의 하나이며, 또 2~3위 기업이 1위를 추월하는 방법과 사업구조조정 시에 우선적인 의사결정의 기준이 될 수 있다.

이제부터 중요한 것은 현재의 핵심역량을 가지고 얼마나 성장을 지속할 수 있는지, 별도의 핵심역량을 더 추가해야 하는지, 아니면 회사의 변신이 필요한지에 대한 검토가 있어야 한다는 것이다.

이는 사업모델에 대한 분석, 활용방법에 따라 해당사업의 용어정의, 사업방향 및 사업전략의 정의 등이 다르게 이해 · 실행되기 때문이다. 겉으로는 같은 말이지만 실행방법에 따라 사업에 대한 생각, 사업추진력은 다른 것이다.

그리고 사업의 변화시기를 제대로 파악하지 못하면 과거의 성공을 기점으로 점차 쇠퇴의 길을 걷는 사례가 매우 많다. 또 파악을 하였더라도 해당기업의 대응활동이 적합했느냐에 따라 성공의 성과가 빠르게 나타날 수도 있고 지연되기도 하는 것이다.

이제부터 현 사업내용과 실행방법이 적합하게 구성되어 있는지를 확인해보고, 사업정의의 활용에 대해 연구해보자.

제1부에서는 사업(재)정의의 개념과 이를 이해하기 위한 여러 가지 방법을 예를 들어 설명하고, 사업(재)정의의 필요성, 역할, 경영전략에의 활용, 사업의 재정의가 필요한 회사의 상태 등을 점검해보았다.

제2부에서는 사업(재)정의의 수립에 대한 자세한 설명과 해당회사의 제반 환경여건의 확인, 사업기회요인들을 파악하는 방법과 점검내용을 자세히 설명하여 실제 사업재정의를 수립하는 방법을 제시하였다. 물론 여러 가지 사례도 포함하고 있다.

제3부에서는 실제 사업의 (재)정의가 어떻게 만들어지는가를 사례를 통해 설명했는데, 누구나 혼자 공부를 통해 이해가 될 수 있도록 작성하였다. 사례의 경우 최근에 고객의 욕구변화가 가장 심하고 경쟁상황이 다양하게 펼쳐지고 있는 사업을 중심으로 제시하였다.

차별화, 경쟁 없는 시장에 진입하는 것은 누구나 바라고 있는 것이다. 그러나 그리 쉬운 일은 아니다. 이 책에서는 사업을 찾고, 확인하고, 시행할 수 있는 기본지식으로 작은 방법이나마 시장을 전략적으로 활용하여 사업의 변신, 사업을 정확히 실천하는 방법을 제시한다. 즉, 사업선정기법과 선정된 사업의 적합성, 실행성, 시장성 등을 판단할 수 있는 능력을 갖출 수 있도록 하고자 한다.

이 책의 발간을 위해 도움과 격려를 주신 한스컨텐츠의 최준석 사장님에게 감사를 드린다. 그리고 경영의 올바른 방향제시 및 집필의 감각을 꾸준히 유지하도록 다양하고 심도 있는 자료를 발표하는 LG경제연구원 컨설턴트들에게 많은 고마움을 느낀다.

ont nts

part 01

사업의 정의에 대한 이해

CHAPTER 01

사례분석

레인콤의 시작과 현 위치

MP3플레이어 중소제조업체인 레인콤사(브랜드명 아이리버(iRiver))는 1999년 1월에 자본금 3억 원, 직원 7명으로 출발했다. 레인콤은 창립 후 불과 5년 만에 국내에서는 기존 MP3플레이어 제조회사인 코원시스템, 엠피오, 현원, 정소프트 등은 물론 삼성전자 등 대기업보다 우위에 있으며, 세계시장에서는 애플사와 어깨를 나란히 하고 있다.

5년 만에 세계일류기업으로 성장한 경쟁력은 어디서 나온 것일까. 레인콤은 "고정관념을 깬 디자인이다."라고 말한다. MP3는 반드시 네모여야 하는가? 세모는 어떤가? 들고 다녀야 하나, 목에 멜 수는 없는가? 이런 발상의 전환으로 프리즘, 항공모함, 목걸이 모양의

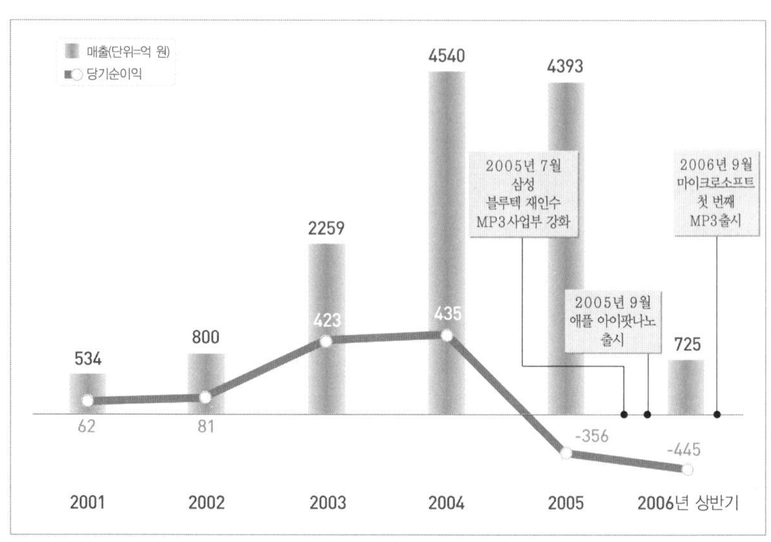

레인콤의 연도별 재무제표 (출처: 매일경제 2006. 10. 25일)

MP3 등을 출시하여 잇따라 대박을 터뜨렸다.

매출규모를 보면, 창업 이후 5년 사이 레인콤의 매출은 500배를 넘는 폭발적 성장을 했다. 위의 그림과 같이 레인콤 매출액은 2002년 약 800억 원, 2003년 약 2259억 원, 2004년 약 4540억 원, 2005년 약 4393억 원을 달성하였고, 당기순이익은 2004년 약 435억 원의 흑자에서 2005년에는 약 356억 원의 적자를 나타냈다.

그런데 2005년에 매출감소, 적자발생 등의 경영성과가 나타났는데, 최근 1~2년 사이에 시장환경의 변화가 심하여 나타난 현상이다. MP3 시장은 포화상태가 되고 있어, 국내에서는 업체들 간의 과당경쟁으로 수익성이 떨어지고 있으며, 세계시장에서는 애플사가 플래시메모리타입에 뛰어들면서 레인콤의 시장을 잠식하고 있다. 게다가 정보기술(IT)의 발달로 제품 자체가 빠르게 진화하고 있어 새로운 대체제품이 계속 출시되고 있다.

즉, 가격경쟁과 휴대폰 등에 MP3가 장착된 컨버전스(서로 다른 것이 하나로 동질화되어 가는 현상) 제품 그리고 제품 자체의 변신을 통한 치열한 경쟁 등 시장의 진부화가 빨리 진행되고 있는 것이다. 그 결과 레인콤은 2005년에 처음 적자를 기록했는데, 이는 단순히 일시적인 적자가 아니라는 것으로 판단되어 회사는 심각한 고민에 빠졌다. 최근의 시장과 경쟁상황을 보면 변화가 필요한 시점이 된 것으로 보인다.

레인콤 성장의 핵심역량

MP3플레이어는 세계 최초로 국내 기업에 의해 상품화가 되었다. 1997년 엠피맨닷컴(구 새한정보시스템)이 MPman을 세계 최초로 출시하여 외국 대기업에 OEM(주문자상표부착생산)으로 전 세계 생산량의 절반 이상을 국내업체가 공급하고 있었다. 미국의 경우 다이아몬드 멀티미디어(Diamond Multimedia)사가 1998년에 처음 출시했다. (주)엠피맨닷컴은 2004년 12월 레인콤에 인수되었다.

날짜	제품명	내용	비고
2001.01	IMP100	세계 최초의 Multi-CODEC CD Player	-
2001.09	IMP350	초박형 MP3 CD Player(16.7mm)	-
2002.09	IMP400	국내 최초 디자이너 브랜드 부착 MP3 CD Player	-

➔ 발매제품 현황

후발업체로 MP3플레이어 생산에 참여한 레인콤은 2000년 2월 MP3 CD플레이어 '아이리버 iMP-100'을 선보였는데, 출시되자마자 선풍적인 인기를 끌었다. 당시 국내시장 규모가 월 7000여 대였는데, 이 제품이 3000여 대가 판매되어 국내시장에서 선두제품으로 부상했다.

인기를 끈 주요요인은 소비자들의 기호에 맞춘 디자인이었다. 이 제품은 기존 MP3 CD플레이어가 투박한 느낌을 주는 것과 달리 조가비 형상의 독특한 디자인으로 신세대적 감각에 맞게 개발됐다. 제품개발은 회로설계에 맞춰 디자인을 정하는 방식이 일반적이나, 디자인부터 먼저 개발하고 회로설계를 이에 맞추는 개발방식을 채택한 것이다. 세계적으로 유명한 오토바이회사인 할리데이비슨도 먼저 오토바이 디자인을 결정한 후 이에 맞추어 부품을 개발하여 제품을 완

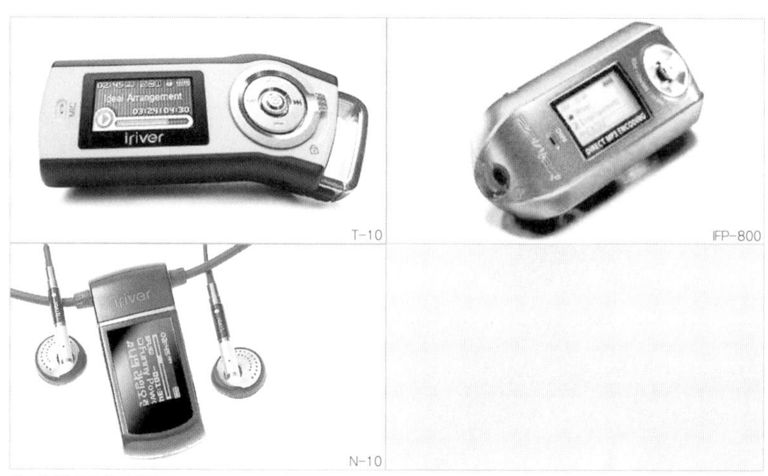

레인콤사의 인기제품들 (출처: 레인콤)

성한다. 이는 매우 어려운 방식으로, 비용과 시간을 많이 투자해야 한다.

그리고 2002년 9월경에 64MB 저장용량의 플래시메모리형 MP3 제품을 전격적으로 출시하면서 국내외 시장에 큰 변화를 가져왔고, 이를 기점으로 128MB, 256MB를 계속해서 출시했다. 2003년 1월 세계 최초 512MB MP3플레이어를, 같은 해 10월에는 1GB MP3플레이어를 출시하고, 2005년 10월 2G MP3플레이어를 출시하면서 대용량 MP3플레이어의 시장 가능성을 확인시켰다.

또 2004년 하반기에는 N10 시리즈라는 목걸이 일체형 이어폰을 채용했다. 이는 배터리를 포함한 무게가 22g밖에 되지 않는데, 무게감을 없애고 작고 귀엽다는 느낌이 들게 한 것이다. 또 거울 기능을 부착하는 등 깔끔한 스타일과 함께 고급스러운 멋을 가미해 또 한 번 폭발적인 인기를 얻었다.

2005년 1월 및 2월에 각각 발간된 삼성증권, 메릴린치증권의 레인콤 종목 리서치에 따르면, 레인콤의 2004년 국내시장점유율은 51%

날짜	제품명	내용	비고
2005.01	D10	MP3플레이어 기능이 추가된 전자사전 D10 출시	-
2005.06	T10	클럽룩 타입 MP3P	-
2005.07	T20	USB와 MP3P 일체형	-
2005.07	T30	미주와 유럽지역을 위한 저가형 모델	-
2005.09	U10	혁신적인 iRiver D-Click Systerm 채택	-
2005.12	D20	컬러 LCD 및 기능이 업그레이드(Upgrade)된 전자사전	-

➔ 신제품 출시현황 (자료원: 레인콤)

로 1위를 차지한 것으로 보고되었다. 또한 2005년 9월에 발간된 IDC 자료에 따르면 회사의 플래시메모리타입 MP3플레이어의 세계시장에 대한 시장점유율은 2004년 말 기준 10.4%로 업계 1위를 차지한 것으로 발표되었다.

일반적으로 기업성공의 결과는 리더십, 마케팅, 의사결정, 통합된 힘, 자금력, 기술력 등등 여러 각도에서 검토되는데, 레인콤 측에서 말하는 성공의 가장 큰 동기는 '고정관념을 깬 디자인의 힘' 이다. 이는 매우 중요한 말로서, 이것이 경쟁의 핵심이 되는 것이다.

디자인의 힘? 힘의 원천은 무엇인가? 레인콤은 사업을 시작할 때 자신의 사업을 제조업이 아닌 패션업으로 정의했다. 그래서 세계적으로 유명한 패션회사인 조르지오 아르마니를 경쟁사로 정했다. MP3플레이어 제조회사는 원래 기술에 바탕을 둔 회사인데 왜 패션회사, 그것도 영위업종이 전혀 다른 분야의 회사가 경쟁사인가? 일단 아르마니를 경쟁자로 선정하였다는 것은 세계최고의 제품과 디자인 수준을 갖추겠다는 것으로 판단할 수 있다.

사실 MP3회사이니 기술회사가 되어 더 좋은 MP3를 만들어내야 하는 것 아닌가? 기술회사들과 경쟁을 통해 좀더 첨단적인 MP3를 출시하여 고객의 욕구를 충족시켜야 하는 것 아닌가? 그런데 첨단기술사업 또는 첨단 MP3제조업 등으로 사업을 정의해야 하는데, 전혀 다른 패션업으로 사업을 정의하였던 것이다.

그 이유는 MP3 자체만으로는 시장경쟁에서 장점이 별반 없는 것으로 판단했기 때문이다. 기술적 차이가 별로 없어 대부분의 제품이 비슷한 제품 자체만으로는 차별적 우위를 확보할 수 없었던 것이다. 따라서 시장을 주도하려면 다른 부분에서 경쟁우위를 갖추어야 했다. 여러 가지 환경을 검토한 결과 회사의 핵심역량을 제품디자인 차별화로 결정한 것이다. 왜냐하면 주요 고객층이 MP3플레이어를 멋있게 몸에 치장(휴대)하는 간편한 액세서리로 생각하여 항상 휴대의 즐거움을 갖기를 원하고 있었기 때문이다.

신세대들이 자기가 소지하고 있는 제품 중에 어느 하나는 명품 또는 이와 유사한 제품을 가지고 싶어 하는 구매심리를 정확히 파악한 것이다. 따라서 개인 필수품이 되어가고 있는 휴대용 음향기기 중 어떤 제품을 가지는 것이 본인에게 가장 좋은가에 대한 선택의 초점이 결정되었다. 즉, 소비자를 (가지고 싶은 마음이 생기도록) 유혹해야 팔린다고 생각했던 것이다. 따라서 제품이 특별히 멋있어야 하고 기존 제품과 전혀 다른 새로운 모양의 제품이 필요했다. 그래서 이 회사는 제품디자인의 일류회사에다 디자인을 의뢰하여 해당제품을 개발했는데, 전자제품이 아니라 몸에 치장하는 액세서리를 만들었다. 회사의 모든 역량을 집중해 새로운 개념의 제품을 개발하여 성공을 하게 된 것이다.

같은 제품이라도 제품이 표현되는 이미지, 차별성을 갖추기 위해 회사가 결정해야 하는 핵심역량을 사업의 정의라고 한다. 즉, 회사가 해야 할 사업방향을 명확히 정립하는 것이다. 레인콤의 경우 사업의 정의는 패션업이며 핵심역량은 디자인이 되었다. 그 결과 레인콤은 세계 MP3플레이어 시장에서 1위를 차지하고 있으며, 매출액도 회사 설립 후 5년 만에 약 5배가 증가했다.

레인콤의 다음 사업의 핵심역량은 무엇인가

디지털시대의 도래 및 N세대 등장 등 마케팅 환경변화는 새로운 경쟁 패러다임을 예고하고 있다. 시장이 성장하면서 대기업들이 MP3플레이어 시장에 적극적으로 뛰어들고 있으며, 디지털 컨버전스에 의한 산업경계 붕괴는 이러한 경쟁을 더욱 가속화시키고 있다.

패러다임 변화 시 가장 먼저 생각해야 하는 것은 고객의 욕구변화 파악이다. 경쟁자에 대한 정확한 검토, 사업의 핵심역량에 대한 재확인도 매우 중요한 것이다.

우선 영위사업을 재정립해보자. 새로운 사업 선정은 MP3플레이어 중심의 사업인가, 컨버전스 기능을 더욱 보강한 MP3인가, 휴대용 멀티미디어기기(PMP) 사업인가? 아니면 아예 다른 분야로 진출을 할 것인가?

세계적인 하드웨어 시장조사기관인 IDC에 의하면, MP3는 최초 구매자들의 수요가 2008년까지 증가할 것이나, 2010년 이후에는 가격하락과 신제품의 출시에 의한 재구매 및 업그레이드 수요가 주요 구매요인이 될 것으로 예측된다.

한편 경쟁자의 재검토는 사업내용 검토 시 반드시 확인해야 한다

(경쟁자 검토방법은 별도로 자세히 설명할 것이다).

레인콤의 경쟁자는 MP3 회사가 아니다. 휴대용 음향기기의 기능을 갖춘 제품은 모두 경쟁자가 된다. 휴대폰, DMB폰, 휴대용 멀티미디어기기 등을 실제적인 경쟁자라 할 수 있는 것이다. 시장상황, 경쟁여건 등 매우 다양하고 깊이 있는 전개가 되고 있다. 이러한 상황에서는 다시 원점에서 생각해야 한다. 실제 레인콤이 갖고 있는 핵심역량은 무엇이며 앞으로 무엇이 되어야 하는가? 새롭게 선정된 사업을 차별화하고 회사의 역량을 집중할 사업의 정의는 무엇이 될 것인가? 한번 생각해보자. 레인콤은 새로운 제품들의 개념을 어떤 새로운 사업정의 수립으로 경쟁력을 갖추어야 하겠는가? 이는 매우 중요하면서 흥미로운 일이 될 것이다.

사업정의는 여러 가지가 있겠지만 두 가지 방향에서 검토하는 것이 가장 효과적이다. 하나는 현재까지의 핵심역량, 즉 패션업을 그대로 고수하면서 더욱 발전시키는 것이고(가지고 싶은 명품이미지의 제품-액세서리 개념), 다른 하나는 제품 이용을 통해 많은 즐거움을 얻게 하는 것이다(영화, 게임, 음악 감상, 기타 등등 즐거움을 얻는 제품-장난감 개념). 만약 이를 핵심역량으로 한다면 사업의 정의는 엔터테인먼트 전문기업이 되어야 한다.

여기서 경영활동에서 가장 중요한 의사결정이 필요하다. 만약 패션업에서 엔터테인먼트업으로 변신된다면 회사의 종업원도 엔터테인먼트 중심의 인력이 필요하게 되고 업무내용과 방식도 변화될 것이다. 즉, 회사의 변신이 필요하게 되는 것이다(일반적으로 이런 실제적인 변신 없이 겉모습만 바꾼 기업들은 실패하는데, 대부분의 기업들이 흉내만 내기 때문이다. 그러면서 흉내만 내는 기업들은 스스로를 디자인회사라고 한다). 또 게임, 영화 등 다양한 콘텐츠를 갖추어야 한다. 이러한 상황은 레인콤사가 관리할 수 없는 영역을 증가시키므로 그리 수월하게 결정할 수 있는 것은 아니다.

따라서 앞으로의 사업정의는 패션업으로 그대로 가야 할 것이다. 그리고 더욱 확실한 핵심역량을 구축해야 하며 명품이미지를 갖춘 제품을 많이 출시해야 한다. 지금까지는 디자인을 바꾼 것, 즉 기존의 MP3이미지를 변화시킨 것이 경쟁우위가 되고, 고객의 호기심을 얻기에 충분했다. 그러나 이제는 정말 갖고 싶은 마음이 생기고 소유를 통해 자기만의 프라이드를 구축할 수 있도록 해야 한다. 이것은 말로는 쉽지만 실제는 매우 어려운 일이다. 디자인은 다른 제품과 아이리버를 차별화시켜 주는 중요한 요소이다. 하지만 일관된 아이덴티티 없이 단순히 '예쁘다, 다르다'는 이유만으로 디자인을 사용하는 것은 문제가 될 수 있다. 이제는 보유의 가치를 제공해야 한다(iPod과 차이는 보유가치에 대한 차이다. 이것을 극복하지 못하면 iPod을 넘어서지 못하고 2위, 3위 브랜드로 남을 것이다). 따라서 향후 경쟁시장에서 아이리버의 디자인 가치는 다른 회사와 구별이 아닌 다른 영역의 제품으로 포지셔닝하는 중요한 역할을 해야 할 것이다.

애플사의 MP3플레이어 사업현황

세계적인 혁신기업 애플(Apple)은 최대의 전성기를 맞고 있다. MP3플레이어인 아이팟(iPod)을 출시해 전 세계 MP3플레이어의 약 70%를 점유했고, 매출은 출시 이후에 두 배까지 성장했다. 아이팟은 2001년 출시 이후 5년 만에 누적판매대수 4200만 개를 넘어섰다.

애플사 제품은 단순 MP3 기능만 있어도 판매가 잘되는 것이다. 즉 기능, 가격 등을 넘어서 디자인이 경쟁우위요소로 정착된 것이다. 디자인은 어떤 추세인가? 단순히 색상만 좋아서 되는 것이 아니다. 휴대성도 좋아야 한다. 그리고 크기와 모양도 갖고 싶은 욕구를 갖게 해야 한다. 보유가치를 가질 수 있게 종합적인 디자인 체제를 갖추어야 하는 것이다.

MP3는 1998년 플래시메모리형이 처음 출시되어 시장의 인기를 얻었는데, 이때 생산한 회사는 미국의 리오와 한국 MP맨이었다.

이후 1999년에 싱가포르 크리에이티브 테크놀로지 회사가 플래시메모리형 MP3 제품을 출시하였으며, 그 후 하드디스크형 MP3를 최초로 발명하여 발표했다(브랜드명은 노매드). 2000년에는 하드디스크형 노매드 쥬크박스를 출시하여 판매수량이 약 10만 개에 달하는 등 인기를 끌었다.

2001년 초에 애플사는 하드디스크형 MP3의 크리에이티브 테크놀로지 기술의 라이센스 계약을 요청했다. 만약 휴대용 디지털미디어 플레이어 사업을 분사할 시에는 투자의향을 제안하기도 했는데, 이

회사는 제안을 거절했다.

그 후 2001년 10월경에 애플사는 하드디스크형 iPod을 출시하여 판매를 시작했다. 2006년 4월 현재 미국 MP3 시장점유율 77%(판매량 기준)를 차지하고 있으며, 그 외 크리에이티브, 리오, 아이리버, 소니 등이 점유율 각각 10% 미만을 차지하고 있다. 특히 크리에이티브 테크놀로지의 판매실적은 2006년 1분기의 경우 전 분기 대비 51%가 감소하였고 손익상태도 적자를 기록했다.

여기서 크리에이티브사의 전략을 검토해볼 필요가 있다. 이 회사는 경영자가 엔지니어인데 경영의 핵심역량을 기술에 두고 마케팅 활동은 돈을 낭비하는 것으로 생각하고 있었다. 그래서 2004년에는 제품광고를 전혀 하지 않았고 2005년부터 광고를 시작했는데, 싱가포르에 있는 광고회사를 선정하였으며 광고지역도 아시아로 국한하였다. 미국의 경우에는 잡지와 옥외광고로 한정하였고, TV광고는 검토하지 않았다.

애플사의 인기제품들

(자료원: 애플 사이트)

최근의 동향을 살펴보면, 2006년 5월에 크리에이티브사는 애플사가 자사의 내비게이션 기술과 음악 접근방식 기술의 특허권을 침해했다는 이유로 제소를 했다. 이 과정에서 보듯이 하드디스크형 플레이어는 애플사가 먼저 개발한 것이 아니다. 그러나 시장에서 현재 매출 1위 브랜드를 고수하고 있다. 성공요인은 무엇일까? 그것은 사업방법이 다른 것이다.

아이팟은 흰색의 선과 심플한 형태로 소비자의 시선을 끌었다. 그러나 깔끔한 스타일만으로 성공을 거둔 것은 아니다. 기존 MP3플레이어 업체들은 디자인보다 성능과 음질을 강조하였다. 그러나 아이팟은 디자인과 소비자의 편리를 우선으로 생각하여 기존의 기술우선 방침에서 디자인을 혁신의 중심으로 하여 성공한 것이다. 그리고 제품디자인을 넘어서 고객들의 음악 선정 및 향유하는 소비 스타일까지 디자인했다.

아이튠즈(iTunes)는 고객들이 여러 단계를 거쳐야 하는 MP3 음악 파일의 구입을 클릭 한 번으로 가능하게 만들었다. 이로 인해 아이팟은 단순한 디지털기기가 아니라 젊은이들의 새로운 문화 코드로까지 평가되고 있다. 애플의 오디오 프로그램처럼 이러한 전략의 효과가 큰 것은 결국 고객의 제품사용에서도 2 : 8 법칙이 작용하기 때문이다. 수많은 기능 중에서 고객이 실제로 사용하는 것은 20% 내외에 불과하다. 그러므로 사용이 많은 부분부터 단순화할수록 효과는 커지게 된다. 그리고 가격도 낮게 제공할 수 있는 것이다.

아이리버와 아이팟의 인기비결

이 제품들의 인기비결은 무엇인가? 음향기기이니 다른 경쟁제품보다 음악이 더 잘 들리는가? 소리가 잘 들리는 것은 기본기능이며 여기에는 서로 차별화된 기술이 별로 없다. 그렇다면 고객이 갖고 싶은 다른 경쟁우위요소를 갖추어야 한다. 일반적으로 디자인이 다른 제품은 차별화를 느끼게 하고, 또 무언가 갖고 싶은 매력을 갖게끔 한다.

여기서 우리가 심도 있게 검토해야 할 사항은 레인콤이나 애플사 제품의 경쟁력(핵심역량)을 확인해야 한다는 것이다. 두 회사의 제품 모두 제품디자인이 탁월하다.

MP3플레이어는 필수품이다. 필수품을 가지고 있을 때는 휴대성이 필수적이다. 하지만 다른 사람들보다 제품선택의 감각이 떨어지면 안 되고, 자신의 소유만족도가 높아야 하며, 적어도 이런 정도의 제품을 가지고 있다는 자부심을 갖도록 해야 한다. 이러한 발상이 나타나고 항상 회사에서 연구할 수 있도록 종업원 전체가 노력하는 방향을 제시하는 것이 사업의 정의가 된다.

따라서 두 회사가 기본적으로 나타내는 사업의 개념은 MP3회사라기보다 마케팅(디자인)회사인 것이다. 회사경영의 핵심은 자기가 보유하고 있는 상황에서 찾거나 갖추어야 한다. 그래서 일반적으로 제조업, 유통업, 연구개발회사, 마케팅회사 등등 여러 가지 형태를 나타낼 수 있다. 기업은 자원의 한계가 있기 때문에 이 중 하나의 분야를 선택하여 경쟁력을 키워서 생존하는 것이다. 따라서 경영에 필요한 여러 가지 요소를 외부 전문회사를 활용하여 경영을 할 수 있는 것이다. 예를 들면, 첫째 MP3플레이어 제조공장을 꼭 가지고 있을 필요 없이 위탁생산을 할 수 있고, 둘째 필요하면 디자인도 전문회사를 이용할 수 있으며, 셋째 연구개발도 다른 회사에 의뢰한 후 개발된 기술을 더 발달시키고 맡겨서 더욱 핵심적인 일을 통하여 경쟁력을 갖출 수 있는 것이다.

그래서 제조회사나 연구개발회사가 아닌 마케팅회사로 차별화하고 이를 위해 더욱 핵심역량을 강화하는 것이다. 따라서 회사를 더 경쟁력 있게 만들기 위해서는 사업정의의 정확한 정립이 필요하다. 사업정의가 명확하면 회사의 핵심역량이 정확히 정립되고 이를 중심으로 경쟁력을 갖춘 경영을 할 수 있기 때문에 매우 중요한 사항이다. 또한 핵심역량을 중심으로 경쟁우위를 갖춘 사업을 추가로 영위할 수 있기에 활용성도 높아질 수 있다. 이것이 비교우위를 갖추는 핵심이 되는 것이다. 물론 기업마다 제조, 디자인, 연구개발 분야에서 비교우위를 갖는다면 경쟁우위 사업정의를 갖출 수 있으며 전문기업으로 정착을 할 수 있다.

사업정의가 정확히 확립되어야 같은 디자인이라도 경쟁력을 갖출 수 있고 회사가 전체적으로 시너지효과를 발휘할 수 있는 바탕을 마련할 수 있는 것이다. 디자인은 누구나 만들 수 있다. 그러나 회사 전체가 경쟁력을 지니는 디자인을 갖추기란 그리 쉬운 일이 아니다. 또

디자인의 사업정의를 얼마나 심도 있게 연구하고 실행하느냐는 더 어려운 일이다. 최근에 레인콤의 실적부진은 MP3시장의 감소로 나타나는 것도 하나의 요인이 되겠지만, 실제로 고객에게 전달하는 제품디자인의 혁신의지가 감소해서 나타난 결과가 더 큰 것이다. 이것은 iPod 사례로도 증명이 되고 있다. 방향이 정해졌으면 계속 노력을 하여 확실한 우위를 구축해야 하는데 다른 제품으로 역량을 이동시킨 것이다. 그 결과 회사의 여러 가지 제품의 실적이 부진한 상황으로 가고 있는 것이다. 현재 우리 주변에는 이러한 내용을 간과하고 있는 기업이 많다. 지속적인 디자인 개발로 갖고 싶은 제품을 만들어야 한다(iPod은 제품케이스 등 관련 제품들도 명품제품들로 판매하고 있다는 것만으로도 아이리버와 다른 것이다).

일반회사들의 경우 각기 회사의 비전과 사업은 정해지지만 해당 사업의 핵심역량에 대하여는 그리 명확하지 못한 회사들이 많다. 지금까지는 좀 모호해도 사업이 되고 고객이 구매를 하였으니까 가능한 일이었다. 그러나 이제는 예전 같은 환경이 도래하기 어려울 것이다. 현재의 환경변화 내용과 속도, 고객욕구의 다양성과 까다로움에 접근하기 위해서는 사업의 핵심역량을 전체적으로 발휘할 수 있는 사업의 정의를 정립하고 활용하는 시대가 된 것이다.

CHAPTER 02

무엇을 사업의 정의라고 하는가

시대가 경과하면서 사업과 제품에 담긴 의미도 변하여 경쟁의 원천이 바뀌고 있다. 또 핵심역량도 기술의 변화, 고객욕구의 이동, 새로운 사업모델의 등장 등 예상치 못한 상황으로 인해 경쟁에서 뒤처지고 성장이 잠식되는 상황이 계속해서 증가하고 있는 추세다.

1. 사업의 정의란 무슨 뜻인가

사업정의란 기업이나 개인이 하고자 하는 사업에 대해 정확히 이해하여 해당 시장여건과 고객의 욕구에 적합한 사업방향을 정립하는 것이다.

- 사업에 대한 정확한 이해란 해당사업의 존재이유, 주 고객, 규모, 특징, 장단점 및 해당사업의 시장위치(도입기, 성장기, 성숙기, 쇠퇴기)를 확인하여 사업실행을 위한 필요충분조건을 파악한 후 실제 사업자가 해당사업을 하겠다고 확신을 가진 상태를 말한다.
- 시장에 적합한 사업실행 키워드란 해당사업에 대한 시장의 변화추세, 고객의 욕구와 관심사항, 기술동향, 경쟁상태 등을 검토하여 해당사업의 실행을 위한 가장 적합한 방침(사업설계와 사업방식)을 정하는 것을 지칭한다.
- 고객의 욕구에 적합한 것이란 실제 해당고객이 구매행위를 하여 사업자에게 매출과 이익을 증대시킬 수 있는 것을 가리킨다.

따라서 대부분의 사업은 지속성을 가지고 유지되는 것이 아니며 사업시기와 시장여건 변화에 적응을 해야 한다. 이때 기업이 적시에 정확한 사업정의를 구축하여 시행을 하면 해당기업은 계속 안정과 성장을 할 수 있다. 그러나 한 가지 전제조건은 해당기업이 사업정의의 수용, 사업정의의 올바른 실천에 대한 회사의 시스템 변경, 종업원의 사고방식 등의 변화가 있어야 한다는 것이다. 따라서 해당기업의 제반 자원 등을 검토하여 실행가능성을 확인해야 한다.

그리고 실제 회사의 이익과 경쟁의 원천이 어디인가를 확실히 파악하여 사업의 정의를 정립해야 하는데, 경쟁회사가 하였다고 자사도 할 수 있다고 착각하는 것은 사업정의의 중요성을 감소시킬 수 있다.

사업의 정의라고 말을 거창하게 할 필요는 없지 않은가?

사업의 정의가 꼭 필요한 것인가?

사업의 정의는 무엇인가?

사업의 정의-사업의 기본인가, 경영기법 중의 하나인가?

라는 질문도 많이 한다.

사업의 정의는 일시적인 경영기법이나 회사가 특정한 상황에 대처하기 위해 한시적으로 도입되는 방법이 아니다. 이는 경영계획, 사업계획을 수립할 때 기본적으로 검토할 필수사항이자 기본사항이 되는 것이다. 그래서 회사가 어렴풋이 시행하던 경영방법을 좀더 구체화하고 실천하여 경쟁력의 강화, 의사결정의 기준과 우선순위 파악 등 보다 현실적이고 실제적인 경영방법이 필요한 것이다.

참고로 다음과 같이 사업계획서나 전략수립을 위한 목차의 예를 보면 '사업정의' 란 단어가 있다. 그런데 그 내용은 무엇을 넣어야 하는가? 특별한 내용이 별로 없는데, 하나의 격식일 뿐 중요성과 활용도가 낮기 때문에 그리 필요한 내용이 없는 것이다.

사업의 방향을 정하는 매우 중요한 목차인데 형식만 갖춘 것이 많다는 것이다. 이런 결과는 실제 사업목표를 명확히 정립하고 실천하는 것과 그렇지 않은 것이 실행 및 경영성과에서 차이가 있는 것처럼 같은 결과를 가져온다. 특히 시행착오 등에서 나타나는 경비의 비효율성은 많이 제거된다.

※ 사업계획서의 목차(예) ※

1. 사업계획서 요약
2. 기업 및 산업
 (1) 회사개요
  회사명과 회사의 단기 및 장기적인 비전 제시
 (2) 사업정의
  주요고객, 제품(서비스)특징, 사업방법과 형태를 명확히 정의한 사항
 (3) 사업 전개방향 및 향후계획
  현재 시장 및 경쟁상황의 우위방법, 목표달성을 위한 장단기 전략방안 등을 명시
3. 사업 및 제품 개요
4. 시장환경 분석
5. 마케팅 계획
6. 생산계획
7. 재무계획
8. 조직 및 인적자원 구성
9. 위험요소 및 대책
10. 사업 추진 일정

2. 사업정의의 필요성

하나의 기업이 사업을 영위해나가는 방식은 그 기업이 해당사업을 어떻게 보느냐에 따라 달라질 수 있기 때문에 기존의 사업을 다시 정의해볼 필요가 있다.

기업이 사업을 어떻게 정의하느냐에 따라 목표고객, 경쟁사, 경쟁우위요소 등이 상이하게 결정된다.

사업의 정의가 명확해지면 다음과 같은 이점이 나타난다.

① 해당사업의 경쟁력이 어느 정도인가에 대한 정확한 시장위치를 파악할 수 있고, ② 시장변화에 따른 사업의 비교우위요소를 확실히 정립할 수 있으며, ③ 내부적으로는 해당사업의 정의에 적합한 조직구조, 의사결정 방향, 조직의 활동 방향 등을 정확히 수립하여 시장선도기업의 요건을 갖출 수 있다.

해당사업의 경쟁력에 대한 정확한 시장위치를 확인하기 위해서

사업에 대한 시장인기도, 성장성, 목표매출액과 이익달성가능성 등을 확인하는 것이다. 만약 회사가 해당업종에서 구조나 규모상의 이유 외에서도 만년 2~3위를 차지하고 있다면 사업(재)정의에 대한 검토가 필요하다. 또 현재의 사업이나 사업방법으로는 이익발생이 어렵다면 역시 사업정의를 다시 확인해볼 필요가 있다.

지방의 시장이나 유통점들은 사업이 안 된다고 할인점의 진출을 막고 있으며 이를 실제로 국회에서 입법화하여 활동을 제약하려고도 한다. 이는 일반 경제원리에서는 맞지 않는 방식이다. 해당 지역주민도 경제와 사회변화의 혜택을 받아야 하는데 이를 막고 있는 것이다. 만약 할인점의 진출을 억제하려면 그와 비슷한 서비스, 즉 저렴한 가격, 쇼핑의 편리성, 다양한 제품구비 등의 혜택을 지역주민에게 제공해야 한다. 그러나 기존시장과 유통점들이 이를 수행할 수 있는가? 중요한 것은 할인점의 진출억제가 아니라 시장상인들의 서비스의식, 제품가격 그리고 원스톱 쇼핑(One-stop Shopping)이 가능하도록 제반 시스템을 갖추는 것이다. 이것이 선행되면 고객들의 지역점포 이용이 증가하여 할인점이 진입할 틈새가 없어지는 것이다. 즉, 이제는 상인이 아닌 사업가로 변신을 해야 한다. 점포는 단순점포 'Store' 가 아닌 고객을 유인할 요소를 가진 점포 'Shop' 으로 변신을 해야 하는 것이다. 또한 쇼핑 시 불편함이 없도록 해줘야 한다. 할인점의 성장과 고객의 욕구변화는 미리 예견된 것이다.

이런 이야기는 모두 아는 내용이니 식상한 표현이 될 수 있다. 그래서 별로 새로운 내용으로 받아들이지 않는 사례가 많다. 그러나 실제 해당 사업정의의 성공에 담겨 있는 숨은 내용을 찾아서 활용하는 것이 매우 중요하다. 단어가 아닌 깊은 뜻을 이해해야 하는 것이다. 지금부터라도 시장의 사업정의를 재정립(고객에게 어떠한 혜택을 제공하는 시장이 되어야 하는가?)하여 고객을 위한 시장으로 재탄생시켜야 한다. 그렇지 않으면 지역고객들은 다른 지역으로 시간과 비용을 소비하면서 구매를 위한 이동을 할 것이다. 고객의 욕구변화는 이미 나타난 것이다. 예전에 대전에 처음 할인점이 개장하자 청주 시민들이 고속도로를 이용하여 대전까지 쇼핑을 하러 다닌 적이 있다.

따라서 사업의 정의를 현 상황에 맞게 설정하여 제반 서비스를 제공하도록 상인과 점주들도 새로운 경영방법을 터득해야 한다. 앉아서 또는 의지로 사업하는 시대는 지났다.

사업의 비교우위 구축방향을 정립하기 위해서

사업정의 재구축의 핵심은 시장에 적합하면서 경쟁자와 다른 경쟁우위 사업방법을 갖는 것이다. 백화점과 할인점의 사업방법이 다르다는 것은 잘 아는 사실이다. 그런데 현재 성장이 높은 것은 어느 쪽인가? 일반 사무용가구회사(제조업)와 퍼시스(디자인업), 일반 베이커리점포(델리숍)와 베이커리 카페(휴식과 대화 공간), 일반 영화관(영화관)과 CGV(즐기는 공간), 화장품전문점(할인점)과 미샤 · 더페이스샵(실용적인 멋의 제공), 컴퓨터회사(제조업)와 델컴퓨터(온라인업) 등은 평상시에는 별로 다른 것이 없어 보일지 몰라도 실제 사업방법을 검토해보면 위와 같이 다른 경쟁력을 갖추고 있다.

이와 같이 경쟁사와 다른 경쟁우위 구축방향이 제시되면 해당기업은 구호가 아닌 실제적인 변신을 해야 한다. 즉 조직구조, 필요인원과 전공과목, 종업원의 업무수행방법과 서비스가 해당 사업정의에 적합하게 달라져야 한다. 그 결과 실제로 변한 것을 고객에게 인식시켜야 하는 것이다.

해당기업이 (재)정의 내용에 대한 수용능력을 확인하기 위해서

좋은 사업정의라도 해당회사에서 시행이 늦어지거나 제대로 속도를 갖추지 않으면 해당 사업정의는 책장 속에 묻혀버리거나 활용도가 낮아져 정착이 어려운 경우가 발생할 수 있다. 예를 들어 두 부엌가구회사가 같은 사업의 정의(부엌가구도 가구이다)를 표현하였다. 그런데 영업현장에서 고객에게 부엌에 대한 설치 이미지 내용을 보여주며 상담할 때, 고객대기시간이 각각 30분과와 10분으로 나타난다면 고객구매행동에는 어떤 영향을 미칠까? 또 회사 이미지는 어떻게 형성될까? 사업정의는 같은데 회사의 실천방법에 차이가 있으면 실제 매출액과 이익의 차는 많이 발생하게 된다. 그 결과 회사매출액, 고객인지도가 달라지게 되는 것이다.

또 은행을 보면 은행 수익원의 경우 예전에는 예금과 대출의 마진차이에서 발생하는 수익이었다. 그러나 이제는 이 마진만 가지고는 수익을 달성하기 어렵기 때문에 주식투자, 기업인수 및 합병 등 다양한 자금활용을 통해 수익달성을 해야 한다. 따라서 은행장이 재테크회사로 사업을 새롭게 정의하여 실행하고 있다. 하지만 현재의 은행직원은 재테크에 대한 지식이나 경험이 부족하여 실제 업무수행은 잘 안 되고 있다. 투자사업이란 대출사업처럼 담보만 있으면 할 수 있는 사업이 아니다. 다년간 여러 가지 경험을 축적하면서 인력이 양성되어야 한다.

그러나 우리는 IMF 이전까지는 이런 생각이 없었다. 그 후 이런 중요업무와 실제 수익이 많은 투자사업은 외국 회사의 몫이 되었었다. 아직도 많은 시간이 필요하다. 재테크 제품의 포트폴리오 비율에서 우리나라 은행의 자금대출 비중이 높은 것은 선진은행보다 재테크 능력이 부족해서 나타나는 결과라고 생각할 수 있다. 이와 같이 조직구성원들의 행동과 노력을 통합하려면 종업원의 실행가능성과 능력활용도를 검토한 사업정의를 정립해야 한다. 또 경영자의 입장에서는 사업변화를 예측하여 새로운 사업정의를 위한 종업원들의 능력개발에 많은 노력을 보여야 한다. 현재의 은행은 사업의 재정의가 늦어져서 나타난 대표적인 사례가 되는 것이다.

그런데 경영층이나 관련자들은 기존의 사업방법에 익숙해져 있어 이를 발견 · 변신하기란 그리 쉬운 일이 아니다. 기존은행에서는 예대마진의 차이를 수입으로 생각하고 일을 해왔기 때문에 은행원들의 능력이 향상될 수가 없었던 것이다. 이는 능력개발 목표가 다른 결과이다. 경영자의 사업식견 예측력이 얼마나 중요한지 파악되는 대목이다. 그러니 아직도 완전히 능력을 갖추지 못해 예대대출이 가장 많은 비중을 차지하고 있으며 원가가 명확하지 않은 수수료만 올려서 수익을 달성하는지도 모른다.

시장에 대한 정의에 따라 경쟁기업과 목표고객이 달라지기 때문에

앞의 예에서 볼 때, 출판인쇄업을 기업의 사업범주로 고려한다면 학습지, 단행본, 정기간행물 등을 출판하는 모든 기업이 경쟁대상이 되며, 이에 따라 고객은 천차만별의 다양한 욕구를 가진 사람들로 구성된다. 반면 학습시장으로 사업범주를 규정하면 기업의 경쟁대상은 학습지 출판기업, 학원, 과외 등 기존의 산업분류에서 타 업종으로 분류된 기업까지 경쟁대상이 된다. 학습지 출판기업의 고객은 어떠한 방법으로든지 학습에 도움을 얻고자 하는 고객들이다. 따라서 학습지, 과외, 학원, 어느 방법인지는 중요하지 않게 된다. 오로지 학습에 도움을 얻고자 할 뿐이다.

이렇게 고객 관점에서 시장을 정의함으로써 기업은 사업활동의 대상인 동일한 고객을 두고 경합을 벌이는 기존의 산업분류를 넘어서 경쟁대상을 폭넓게 조명할 수 있다. 한편 사업영역(Business Domain)이란 시장을 구성하고 있는 고객 중에서 특정고객군에게 제공하고자 하는 사업의 폭 또는 방식을 말한다. 학습지 출판기업은 미취학 아동에서부터 성인에 이르기까지 매우 폭넓은 고객을 대상으로 할 수 있다. 만약 이 기업이 특정고객군, 이를테면 중 · 고등학생을 주요고객으로 삼았다고 하자. 중 · 고등학생 학습시장에서 이 기업이 제공할 수 있는 상품과 서비스는 유형의 학습지, 참고서 또는 무형의 방문교사 서비스, 인터넷 서비스 등이 있을 수 있다. 이렇게 상품 및 서비스의 가치제공은 기업으로 하여금 일정 규모의 적정투자를 요구하기 때문에 기업은 자사의 역량과 시장에서의 고객욕구를 맞춰 최적의 사업영역을 분명히 해야 한다.

따라서 사업정의의 정확한 정립은 사업의 정립, 실행, 경쟁 및 확대 등에서 비교우위의 요건을 갖추게 한다. 기업은 '우리의 사업이란 어떤 것인가?' 라는 질문을 신중하고 명확하게 제기한 뒤, 이에 대해 철저하게 해답을 찾아야 한다.

사업의 정의는 사업을 통해 충족시키고자 하는 고객의 욕구가 기반이 되지만 '우리가 어떤 사업을 할 수 있는가' 하는 기업역량 측면에서 검토하는 것이 매우 중요하다.

현 사업의 정의를 한번 점검해보자.

- 어떤 고객과 경제상황을 가정하여 만들어졌나?
- 그 가정들은 지금도 유효한가/변화한 것은 무엇인가?
- 가장 중요한 고객구매요인은 무엇인가/또 그것은 어떻게 변했는가?
- 사업정의의 어떤 요소들이 고객의 구매요인들을 얼마나 충족시켰는가/미흡한 사항은 무엇인가?
- 사업의 정의는 경쟁사와 차별성을 가지고 있는가/있다면 무엇이며 고객들은 해당 차별성을 얼마나 인정하고 있는가?
- 사업의 정의가 내부적으로 얼마나 일관성이 있는가/고객을 충족시키지 못하는 요소들은 무엇인가?
- 사업의 정의의 비효율성은 어떤 것이 있는가?
- 사업의 정의는 얼마나 지속될 수 있을까/사업의 정의가 새롭게 변화할 시기인가?
- 고객구매요인 변화에 따른 대처방안은 무엇인가?

3. 사업(재)정의 수립유형

전략의 출발점으로서의 사업의 정의는 시장욕구에 대한 대처방법과 사업의 전개방향에 대한 지침을 담고 있다. 고객욕구의 변화와 기술변화가 급격히 진행되는 동태적 환경 하에서 기존의 사업정의의 유용성을 살리면서 개발되는 새로운 사업정의 또는 기존의 정의와 관계없이 전혀 새로운 내용이 결정될 수 있는 것이다.

제대로 된 경험 네트워크는 다음과 같은 주요요소를 갖고 있다.

① 기업의 자원을 신속하게 재구성하는 능력-가치의 개발
- 기업이 제공하는 경험(가치)이 고객요구 변화에 빠르게 적응할 수 있어야 한다.

② 기업의 역량을 다수의 접속 포인트 또는 경험 배출구를 통해 활용할 수 있는가의 여부-고객들이 가치를 경험할 수 있는 접촉수단
- 개별 소비자들은 기업 및 공급 네트워크의 효과적인 교류를 통해서 자신의 필요에 맞는 개별화된 경험을 얻을 수 있어야 한다.

③ 제공되는 경험에 대한 효과적인 품질관리-가치품질관리

④ 범위와 다양성 확보-가치증대의 협력사항

사업의 (재)정의는 여러 가지 여건에 따라 몇 가지로 구분해볼 수 있는데, 시장 · 사업(제품/서비스) · 가치사슬 중심으로 검토할 필요가 있다.

(1) 시장 중심의 사업(재)정의

'누가 우리의 진정한 고객인가'를 확인하는 것은 사업(재)정의의 핵심사항이다.

첫째, 기존시장의 세분화를 통해 새로운 목표시장을 선정하여 그에 적합하게 사업을 (재)정의하는 방법이 있다. 둘째, 전혀 새로운 시장을 발견하는 방법이 있는데, 이를 위해서는 기존의 관행을 깨는 새로운 룰이 필요하다.

:: 고객세분화 사례 – 클럽메드

기존고객의 욕구를 더욱 세분화하여 새로운 고객집단을 발견하고 자기 회사만의 고객을 확보하는 전략이다. 휴양호텔인 클럽메드의 경우, 여행자의 취향을 구분하여 실제 필요한 사업내용을 정립 · 제공하여 성공한 사례인데 이들의 사업정의는 재미있는 호텔이다.

고객에 따라 여행유형에는 투어형, 쇼핑형, 휴식형 등이 있는데 각자가 원하는 목적은 전부 다르다. 여행경험에 따라 차이는 있겠지만 일단 즐거움이 있어야 한다. 여행의 즐거움으로는 쉬는 것, 먹는 것, 경치나 이름난 지역을 감상하는 것, 쇼핑, 특별한 엔터테인먼트를 보는 것과 참여하는 것 등등이 있을 것이다. 그런데 휴식, 즐길 만한 다양한 프로그램, 맛있는 음식이 있고, 지내면서 언어소통에 지장이 없다면 일단 여행목적을 달성하는 데 어려움이 없을 것이다.

이러한 서비스를 제공하기 위해 클럽메드는 '누구나 마음껏 즐길 수 있는 놀이구역' 이라는 사업개념을 정립하였다. 이 지역은 호텔도 아니고 쉬는 곳도 아니다. 즐기는 곳이다.

대화가 되고 휴식과 여러 가지 즐거움을 누릴 수 있게 하며 식사도 자기가 원하는 메뉴를 선택할 수 있는, 즉 자기가 원하면 자고 놀고 즐기고 하는 것을 만끽할 수 있는 곳이라면 대부분의 여행객은 별반 불만이 없을 것이다. 클럽메드는 '고객은 다른 것에 신경을 쓰지 않고 즐거워야 한다' 는 여행에 대한 개념을 명확히 하여 사업을 하고 있다. 그래서 다른 호텔에서는 느낄 수 없는 즐거움을, 스스로 참여하면서 즐길 수 있도록 다양하게 제공하고 있다.

:: 신규고객 창출사례

안경의 경우, 눈이 잘 안 보이는 사람만 사용하는 것 아닌가? 그렇다면 해당고객은 한정되어 성장의 한계는 가까워질 것이다. 그러면 안경사업의 정의는 무엇인가? 처음에는 제조업이었으나 이제는 패션업(디자인사업)이다.

안경이 처음 나왔을 때는 제품이 잘 찌그러지거나 깨지지 않으면 되었기 때문에 가능한 안경테도 굵고 투박해 보였으며 무거웠다. 각 제품들은 제조업체에 따라 특징이나 큰 차이를 보이지 않았다. 따라서 생산방법은 그리 어렵지 않았으며, 판매는 안경점에 제품을 납품하는 단순판매활동을 하고 있었다. 그 결과 가능한 안경점에 이익을 많이 주면 안경점 주인이 고객에게 권장하여 판매를 했다. 이때 생산부문의 주요쟁점은 제조원가를 낮추며 단단하게 만드는 것이었다. 그래서 안경점에 마진을 많이 주어 판매를 증대시키는 것이다. 전형적인 제조회사인 것이다.

그런데 눈이 잘 안 보이는 사람들만 안경을 사용하다보니 수요를 초과하여 안경제조사업은 치열한 경쟁으로 적정이익을 취하기 어려워졌다. 이후 안경회사는 소비증대를 위해 여러 가지 노력을 했다. 그 방법으로, 첫째 시력이 좋은 사람도 안경을 사용하게 할 수 있는 방법은 없는가, 둘째 기존 사용자도 안경을 여러 개 보유하도록 할 수는 없는가 등 여러 가지 연구를 했다. 이 시점에 고객들도 '안경은 꼭 이런 모양밖에는 만들 수 없을까, 새롭고 멋있는 제품은 없을까' 라는 욕구를 가지고 있었다.

안경제조회사들은 멋을 창출할 수 있는 제품, 즉 좀더 멋스럽게

	과거	현재	앞으로
사업정의	견고성	디자인	디자인, 소재
구매영향자	부모	부모 또는 자녀	자녀
사용자	자녀	자녀	자녀
구매요인	내구성, 가격	디자인, 가격	디자인, 브랜드

➔ 안경사업의 재정의(예)

보이거나 눈의 보호 차원에서 안경을 착용하려는 안경사용자의 욕구를 확인하게 되었다. 그래서 안경사업은 '눈의 보호+멋스러움' 이라는 단어가 창출되었다. 새롭고 멋있는 제품을 출시하여 시력이 좋은 사람도 안경을 사용하게 되고, 기존의 안경사용자도 이미지 변화를 위해 2~3개의 안경을 보유하게 되었다. 이때 안경제조회사들은 디자인개발실을 새로 만들고, 마케팅팀도 조직하여 마케팅부문을 활성화시켰다. 그 결과 고객의 구매패턴은 가격 중심 구매에서 멋 중심 구매로 전환되었다. 선글라스라는 제품은 안경사용의 수요폭을 확대하는 주요역할을 하였다.

현재 안경사업의 개념은 제조업에서 디자인사업으로 전환되었다. 어떤 회사는 공장도 없이 디자인을 잘 만들어 위탁생산을 통해 투자비를 적게 들이고 수익을 많이 발생시키기도 한다. 이처럼 사업의 개념이 변화되면 조직과 필요인원의 구조도 변하고, 조직구성원의 업무도 변화하게 되며, 마케팅 방법도 달라진다. 즉, 회사 전체가 변하게 되는 것이다.

이와 같이 변화된 사업에는 시계사업, 의류업, 가구사업 등이 있다. 특히 시장분석 시 구매자와 사용자가 다른 경우도 있으므로 이때는 가능한 사용자 중심으로 검토가 되어야 한다.

따라서 시장 중심으로 사업이 재정의되면 해당회사는 디자이너나 마케팅전문가가 필요하게 될 것이고, 업무점검의 우선순위가 생산에서 마케팅으로 변화될 것이다.

(2) 사업(제품/서비스) 중심의 사업(재)정의

'목표고객에게 제공할 사업(제품과 서비스)'을 결정하는 것인데, 이는 회사의 여건에 따라 다양하게 나타날 수 있다. 우선 자사의 핵심역량 재정립을 통한 경쟁력 구축, 다음으로 운영 면에서 성과극대화를 통한 비교우위 정착, 세 번째로는 전혀 다른 핵심역량을 창조하여 전략적 경쟁력을 갖추는 것이다.

기존의 핵심역량 중심

우리 회사의 강점은 무엇이 있을까? 여행사업은 관광프로그램의 소개가 주 수입원이다. 그런데 대부분의 여행사가 거의 비슷한 사업내용과 방법으로 사업을 하기 때문에 경쟁이 치열하여 요즘은 가격경쟁이 심화되고 있다. 그래서 어떤 경우는 무리한 코스 운영과 쇼핑강요로 지적을 받기도 했다. 상품과 서비스가 유사한 경우에 경쟁을 하는 것은 가격밖에 없는데, 이러한 현상은 계속 반복될 것이다. 이와 같은 사업방법은 고객이 어느 정도 여행에 경험을 갖게 될 때까지 지속될 것이다.

그러면 여행 경험자들의 시장규모와 이들이 원하는 여행의 욕구는 어떠한 것일까? 가능한 자기 취향에 적합한 여행프로그램을 찾을 것이고, 자기만의 만족도를 높이기 위하여 나름대로의 여행계획을 필요로 할 것이다. 그런데 이것은 고객들이 필요로 하는 욕구일 뿐 사실 실행에 어려움이 있다. 왜냐하면 대부분의 외국 여행지역이 대화가 통하지 않는 경우가 많으며 특히 지역의 지리를 몰라 여행계획을 세우는 데 어려움이 있기 때문이다.

나 또는 우리 팀에 적합한 맞춤여행은 없을까? 이런 고객들에게 여행자문과 맞춤여행 정보를 제공하는 사업은 가능한가? 가능하다면 수익원은 어디서 찾을 것인가? 지금부터 고객관리가 필요하다. 여행정보나 자문을 통한 수수료를 받거나 회원제를 이용하여 일정 회비를 받고 여행정보 서비스를 제공하는 것도 사업방법으로 생각해 볼 수 있다. 지금처럼 신문광고를 통해 고객을 모집하는 것이 아니라 과거 관광경험이 있는 사람, 지난해에 우리 회사를 통해 관광이나 여행을 다녀온 사람, 해외출장이 비교적 많은 편인 사람을 대상으로 하여 이들에게 우리 회사는 이제 여행자문사업이 주 사업이며, 필요 시 맞춤여행이나 동행그룹으로 여행할 기회를 제공한다. 또 과거의 여행경력을 검토해보고 이번 여행에 대한 추천과 자문을 하는 것이다. 즉, 여행사업이 단순한 여행프로그램의 소개에서 개별적으로 필요한 여행욕구에 대하여 적절한 방향을 제시해주는 여행자문사업으로 변

	현재	앞으로
사업의 정의	프로그램 소개	프로그램 안내 (맞춤식 프로그램)
고객욕구	유명한 곳을 여행	자기 요구에 적합한 여행
경쟁력	가격	프로그램의 적합성
종업원의 역할	장소, 내용 소개자	여행 컨설턴트

➜ 여행사업의 재정의(여행안내업 → 여행정보 제공업)

해야 하는 것이다.

여행사업이 '관광안내사업→여행자문사업→여행회원제사업'으로 진화를 하게 되는 것이다. 이와 같이 제반 환경에 따라 점차 자신의 핵심역량을 재활용하는 전략으로 사업방법과 사업내용을 변화시켜야 하는 것이다.

앞으로 여행사는 여행자문사업으로 사업의 정의를 바꾸고 직원들을 전문지역으로 나누어 지역별 답사를 통한 전문가로 양성하여 단순한 여행업무 처리자에서 여행업무 기획 및 안내자로 탈바꿈시켜야 한다. 이렇게 되면 회사의 이익사업과 이익규모도 변하고 신규채용자의 기준이 달라지고 회사의 진급요건도 변경된다. 그에따라 회사에서 필요한 전문가를 양성할 수 있고 당사자도 전문가로 탈바꿈하게 되는 것이다. 이들이 앞으로 여행사 경쟁력의 원천이 될 것이다.

시장 중심 사업재정의처럼 디자인 · 마케팅 직원을 새로 채용하는 것이 아니고 기존 직원들의 능력개발로 시장대처가 가능한 것이다.

새로운 핵심역량 창조

:: 공제회사에서 투자회사로 – 군인공제회

공제조합은 공무원, 교사 등 특정직업에 종사하는 사람들의 복지를 관리하는 회사이다. 회원들의 회비로 수익을 극대화시켜 회원들에게 일정액의 이자를 지급하고, 회원들이 퇴직을 하거나 자금이 필요할 때 자금을 지원한다. 따라서 이들 회사는 호텔, 빌딩 등의 운영으로 발생하는 이익, 부동산의 상승가치, 주요회사의 투자수익 그리고 기본적으로 은행예금을 통해 발생하는 이자수익 등을 합쳐 회원들에게 약속한 사항을 이행해오고 있다.

그러나 요즘은 은행금리가 10% 이상에서 5% 미만으로 하락하고 투자회사들의 수익과 실적도 예전 같지 않아 실제 약속사항의 이행이 어려운 상황에 직면하고 있다. 그래서 주식투자도 할까, 수익이 좋은 아파트사업은 없을까, 투자회사의 경영개선 방법은 없는가 등 많은 노력을 하고 있다. 따라서 많은 수익이 발생하는 새로운 것들을 찾아 투자 · 운영을 하는 것이 관건이 되었다. 수익발생의 원천이 은행이자, 아파트 개발투자에서 주식 및 채권투자, 그 외 금융자산 투자 또는 고수익 부동산 개발투자, 더 나아가서는 기업인수 및 매각 등으로 전환이 필요한 것이다. 따라서 공제회사도 새로운 투자자산 개발, 운영을 통한 수익증대회사로 사업방향이 변화되어야 할 것이다. 즉, 기금운영(Management)회사에서 기금투자 또는 활용(Investment)회사로 변신을 해야 한다. 회사의 업무를 다양화 · 전문화시켜야 하는데, 기금운영에서 투자회사로 변신을 해야 하는 것이다. 투자회사, 이것이 사업의 새로운 (재)정의가 되는 것이다.

(3) 제공방법 중심의 사업(재)정의

'목표고객에게 제품이나 서비스를 제공할 새로운 방법' 을 강구하는 것이다. 가치사슬 중에 고객에게 가장 많은 가치를 제공하는 유통채널을 중심으로 한 사업방법이다.

가치전달방법을 변화시킨 사업방법의 변화

온라인 점포, 홈쇼핑, 전문점, 배달, 대리점, 영업사원, 편의점 등등 고객과의 접점을 관리하면서 가치를 전달하는 곳은 어디인가? 유통채널의 다양한 변화는 가치전달방법을 다양화시켰다(배달물품 접수와 제공-편의점, 배달전문제품-피자, 제품의 가치와 품격유지-전문점, 인터넷을 통한 주문-온라인 쇼핑몰 등등).

4. 사업(재)정의 수립방법

시장에서 성공을 거둔 기업들의 공통된 특징은 기존의 경쟁방법이 아닌 다른 방법, 즉 자사에 적합한 새로운 게임의 법칙을 만들어내어 전혀 새로운 방식으로 경쟁하였다는 것이다.

사업정의 수립의 네 가지 단계

첫째, 기존사업을 새롭게 정의하기 위해 모든 가능한 대안을 도출해낸다. 예컨대 BMW의 경우 자동차사업, 고급승용차사업, 수송니즈를 충족시키기 위한 사업, 엔지니어링사업, 운수사업 등으로 사업을 정의해볼 수 있다.

둘째, 여러 기준을 사용하여 각각의 정의를 평가한다. 즉, 각 관점의 정의에 대해 '고객은 누구이며 그들의 니즈는 무엇인가, 고객의 니즈를 경쟁사보다 효율적으로 충족시킬 수 있는가, 이러한 정의가 성장성 등 시장의 관점에서 볼 때 매력적인가, 핵심 성공요인은 무엇이며 확보는 가능한가' 등의 관점에서 각각의 정의를 평가한다.

셋째, 여러 대안 중 하나의 정의를 선택한다. 이 선택에 따라 투자결정 등 전략적 의사결정이 이루어지게 되므로 실질적으로 매우 중요한 단계라 할 수 있다.

넷째, 경쟁사의 전략변화에 대한 대응책을 마련한다. 즉, 경쟁사가 그들의 사업을 새롭게 정의할 경우 어떻게 대응할 것인가를 자문해본다. 이렇게 함으로써 비로소 경쟁사와 다르게 행동할 수 있는 근거를 마련했다고 할 수 있다.

5. 사업(재)정의가 필요한 시기

사업의 (재)정의는 어떤 상황이 전개될 때 필요한 것인가를 검토해보자.

검토의 범위는 다양한 요인들이 많을 것이고 회사마다 사정이 달라 해당요인도 차이가 있을 것이다. 따라서 여기서는 가능한 여러 가지 상황을 제시하여 각 회사가 해당회사에 적합한 여건을 확인하고 대처하는 방법을 제시하려 한다. 매출액과 이익률 또는 시장점유율의 감소가 지속되거나 시장의 변화가 기존상황과 달리 나타난다면 반드시 확인해볼 필요가 있다. 그리고 해당상황이 확인되면 절대 다른 회사와 비교하지 말고 자사 중심으로 변화를 추진해야 한다.

(1) 시장상황의 변화를 중심으로 한 검토시기 확인

대체품이나 저가제품이 많이 나와서 시장이 혼란할 때

해당제품의 매출액과 이익의 감소는 저가제품이나 대체품의 출현으로부터 시작된다. 이때 철저한 대응자세(시장에서 같이 경쟁을 하거나 자체제품을 아예 차별화하는 등)를 갖추나 이후에도 이런 상황의 반복은 경영의 어려움을 가중시킨다. 특히 검토해야 하는 사항은 저가제품시장의 축소현상인데, 저가제품시장을 장악하고 있는 회사나 브랜드의 시장점유율이 감소하는 경우에는 새로운 욕구에 적합한 새로운 사업과 제품이 필요하다.

사회추세가 새롭게 변화를 하고 있을 때

사회의 변화는 고객의 소득수준 및 가족수의 변화, 새로운 생활습관의 등장, 라이프스타일의 변화, 새로운 고객의 등장 등으로 나타나는데, 이런 변화에 대한 대처가 매우 중요하다. 특히 요즈음처럼 IT

기술, 새로운 유통형태의 부상, 사업영역의 모호성과 영역파괴 등의 현상이 나타나는 때는 사업정의 구축의 검토가 필요한 시점이다.

사업이나 제품들의 경쟁이나 사업영역의 경계가 모호한 경우

최근 애플컴퓨터는 자사 MP3인 iPod의 경쟁자를 MP3가 아닌 핸드폰으로 규정하고 비교우위를 구축하고 있다. 또 복합프린터는 복사, 프린터, 팩스, 스캔 기능까지 하고 있어 팩스 · 프린터 · 복사기 시장을 잠식하고 있다. 이와 같이 모바일폰, MP3, PDA 등의 기능들이 복합성을 갖추어 가고 있다. 사업내용과 방법을 유지하는 데 매우 혼란한 시기다. 회사의 사업방법을 재검토해보라.

새로운 판매방식이 나타나는 경우

텔레마케팅, 온라인판매, 할인점 등 새로운 판매기법에 의한 매출이 증가하고 있다. 이와 같이 판매방식의 활용은 사업활성화에 매우 중요한 요소가 되었다. 사업이나 제품에 대해 새롭게 검토할 때는 항상 판매방식을 같이 검토해야 한다.

델컴퓨터, 웅진코웨이, 옥션, 나이키, 좋은 사람들, 코리아나 화장품 등등의 회사들은 새로운 판매방식으로 성공한 회사들이다.

(2) 회사 경영상태의 변화를 통한 검토시기 확인

회사이익과 투자수익률이 전체적으로 3개년 정도 감소세가 나타나고 있을 때

이익이나 투자수익률의 감소는 여러 가지 원인이 있겠지만 경쟁사의 시장확대가 큰 요인이라면 사업의 정의를 검토해봐야 한다. 회사매출액도 감소를 하면 일단 시장의 변화가 나타나는 징조이니 이때부터는 지속적인 시장동향 파악이 필요하다. 특히 주요고객층의 구매행동 변화를 주시하고 대응방안을 찾아야 한다.

시장이 성숙기 후반에 위치할 때

대부분의 제품이 시장에서 성숙기에 접어들고 있거나 매출비중이 높은 제품(해당 시장점유율이 50% 이상이 되는 제품)이 여러 가지 경쟁상황에서 어려움을 겪을 때 성숙기시장에 있다고 할 수 있다. 이때는 성장이 미미하거나 정체상태에 있고 경쟁자도 많아 시장확대가 어렵거나 사업성과가 적자로 나타나는 경우도 발생한다. 가구, 식음료, 의류, 신발사업 등을 들 수 있다. 당연히 새로운 사업기회를 검토할 때이다.

회사가 매너리즘에 빠져들고 있을 때

회사가 계속 과거의 경험이나 성취감에 젖어 혁신적인 의지가 부족한 경우, 특히 제품판매부진 결과보고 시 불황이나 경쟁사의 가격 경쟁을 비롯한 치열한 경쟁으로 인한 판매부진 등 회사의 노력보다 외적 환경을 원인으로 거론할 때부터 회사의 매너리즘과 타성의 존재, 심도를 확인해봐야 한다. 의식개혁은 계속적으로 필요한 것이다.

니치마켓(틈새시장)을 잠식하고 있을 때

새로운 사업내용이나 방법 또는 제품으로 니치시장의 점유를 가속화하는 기업이 등장하여 해당기업의 주요고객층이 이탈하는 현상이 나타날 때는 해당기업의 심층적인 연구가 필요하다. 이 경우 새로운 사업기회를 확인할 수 있고 또 대처방법을 파악할 수 있다.

CHAPTER 03

사업정의 수립 시 검토사항

우리가 어떤 사업을 하고 있으며 또 현 사업이란 어떤 것인가에 대한 정의를 내리는 데 유일한 출발점은 고객이다. 고객을 철저하게 분석하여 핵심고객을 찾아낸 후 해당 고객이 자신의 제품이나 서비스를 구매할 수 있도록 정의를 내려야 한다. 그러나 막연한 사업의 정의는 오히려 큰 사업기회를 잃을 수 있으며, 어쩌면 빠르게 실패에 도달할 수 있다.

다양한 환경변화로 의사결정의 불확실성이 높고 치열한 경쟁환경하에서 기업이 해당사업의 핵심역량을 확인하며 현재 자사의 역량이 얼마나 모자라는지 파악하는 것은 성장전략 수립의 출발점이다.

1. 핵심역량의 정의 및 구축방법

고객이 구매와 사용을 통해 얻는 척도가 만족이고, 기업이 제공하는 만족요소가 가치다. 해당가치를 만들어서 제공하는 기업의 능력을 핵심역량(Core Competency)이라 한다. 핵심역량은 해당기업의 강점을 말하는데 시장에서 차별적 비교우위를 갖추고 있어야 한다. 그리고 해당 핵심역량의 방향을 표현한 것이 사업의 정의라는 것은 앞서 언급한 바 있다.

실제 핵심역량은 무엇일까? 핵심역량이란 해당기업이 실제 경쟁우위를 갖춘 요인을 말한다. 즉 반도체, LCD 등 원천기술 제품의 매출비중이 높으면 기술회사이고 TV, 냉장고, 에어컨 등 기술보다 완성제품의 매출비중이 높으면 제조회사이다. 그리고 제조는 하지만 판매방법에서 국내판매보다 해외판매 비중이 높으면 해외판매가 핵심역량이 되는 것이다. 이 경우 기술중심회사, 제조중심회사, 수출중심회사 등으로 구분할 수 있다. 이와 같이 핵심역량은 시장여건에 따라 선택을 해야 하므로 기업들은 제반 여건을 잘 활용하여 선정해야 한다. 핵심역량은 산업의 특성에 따라 다르나 최근에는 서로의 상이

	과거	현재
평가척도	매출액	수익
경쟁상황	시장점유율	시장가치점유율
시장형성	제품력	고객의 힘
핵심역량	기술	사업설계(모델)

참조: 《가치이동》, 세종서적

점이 축소되어 동일화되는 경향이 나타나고 있다.

IMF 이후 기업평가기준은 외형성장 중심에서 내실성장이 우선이므로 매출액 중심에서 수익 중심으로 변화되었으며, 시장창출동기는 제품특징보다 고객욕구가 중요하게 나타나고 있다. 또 기업의 핵심역량은 기술개발의 한계 및 모방력의 발달로 기술 중심보다 사업모델방식의 사업방법이 대두되고 있다.

핵심역량과 관심사항의 충족도는 몇 %가 될까?

$$\text{관심사항 충족도} = \frac{\text{핵심역량}}{\text{관심사항}} \times 100 = (\qquad)\,\%$$

일반적으로 충족비율이 100%보다 낮겠지만 각 회사에 맞도록 정립을 해야 하나 50% 이하로 나타난다면, 또는 70% 이하, 30% 이하의 수치를 갖는다면 해당기업은 어떤 상황에 있는 것일까?

참고로 제시한 공식이지만 이러한 목표와 실제 수치도 하나의 척도로 도입하여 검토할 필요가 있다.

2. 가치란 무엇인가

이제 기술만으로 성장을 할 수 없는 이유는 무엇인가? 획기적인 기술은 개발이 어렵고 시간도 많이 소요된다. 그리고 개발이 되어도 후발업체의 빠른 모방으로 큰 이득이 별로 없어 자본회수가 제대로 되지 않는 경우가 많다.

따라서 이제는 같은 기술이더라도 보다 개발이 쉽고 시장접근이 용이한 핵심역량의 차별화를 통하여 경쟁우위를 높이고 확고히 하는 회사들이 시장을 주도하고 있다. 개발이 쉽고 시장접근이 용이하다는 것은 무엇인가? 시장변화를 정확히 파악하여 시장에 적합한 사업 또는 사업방법을 개발, 진입하여 성공하는 것이다. 이를 위해서는 시장의 변화를 가장 잘 나타내는 고객가치의 정확한 확인이 우선이다.

- 고객들은 어떻게 변하고 있는가?
- 고객들의 관심사항은 무엇인가?
- 사업의 이윤추진력의 주요요소는 무엇인가?

이들 질문에 적합한 답변의 단어는 '가치(Value)' 다.

시장에서 원하는 가치는 무엇인가? 이 가치를 정확히 판단하면 자사에 필요한 핵심역량을 명확히 구축할 수 있다.

무엇을 가치라고 하는가

기업활동에서 가장 큰 오류라고 할 수 있는 것 중의 하나는 고객에게 가치와 가격이 같은 것으로 생각하도록 하는 것이다.

같은 커피라도 파는 장소가 다르면 고객이 느끼는 가치가 달라서 판매가격을 다르게 책정해도 팔린다(예: 자판기 150원, 다방 1000원, 커피숍 2000원, 커피전문점 3000원 등).

같은 커피인데 가격이 다른 것은 무엇 때문인가? 제공되는 가치와 고객이 인정하는 가치가 서로 다르므로 이를 차별화하여 각 욕구에 적합한 가치를 제공하기 때문이다. 이와 같이 가치는 고객에게 서로 다른 만족을 제공하면서 서로 다른 가격형성에 대한 저항을 없애는 것이다.

제공되는 가치가 많을수록, 그리고 다른 데서는 볼 수 없는 가치일수록 가격은 높게 매겨진다.

가치(value)란 제품/서비스 구입 시 고객이 지불하는 가격에 대해 고객이 사용을 통해 얻어지는 효익(효용+이익)을 말한다.

– 가격〉가치 = 가치가 낮다. 가격이 비싸다. 사용만족도가 낮다. 해당 제품/서비스의 재구매를 생각하지 않는다.
– 가격〉가치 = 가치가 높다. 생각보다 좋다. 사용만족도가 높다. 재구매 의견과 다른 사람에게 추천의견도 있다.

경쟁에서 제품/서비스의 차별적 우위가 없으면 경쟁요인은 가격경쟁(?)밖에 없다. 이때 고객의 선택요인은 가장 낮은 가격이다. 해당 제품/서비스를 구매할 가치는 가격 이외에는 다른 것이 없기 때문이다. 따라서

가치 = 제품구입에 투자하는 금액

+구입 시 추가로 제공되는 요소(점포인 경우: 친절/서비스, 점포위치, 영업시간 등)

+제품/서비스의 가격 외적 요인(스타일, 모양, 색상, 편리성, 신속성 등)으로 형성된다.

+그리고 최근에는 고객이 구매/사용을 통해서 얻을 수 있는 경험(자부심, 권위, 편안, 차별성 등)이 포함되고 있다.

회사가 확인한 고객가치는 무엇인가?

고객은 항상 달라지고 있다. 특히 요즘 고객은 더 심하다.

고객의 소득과 구매패턴이 변했다. 그리고 그들의 실제구매요인도 많이 달라졌다.

이러한 변화에 적합한 것은 무엇인가? (　　)

그러면 지금 또는 앞으로 고객이 필요로 하는 것은 무엇인가? (　　)

해당 목표고객이 회사에서 실제로 구매하고 싶은 것은 (　　)이다.

"목표고객에게 정말 원하는 것을 제공해준다면 가격은 그리 중요한 것은 아니다."라고 한다.

그러면 회사에서 제공할 것은 무엇인가? (　　)

현재 해당사업과 관련해서 (　　)의 내용은 무엇인지 한번 적어보

자. (　　)의 내용이 바로 시장에서 원하는 가치다.

가치의 변화방향

최근 가치의 변화를 느껴보려면,

- 점포: 스타벅스 커피숍, 더페이스샵, 투썸플레이스 베이커리 카페
- 제품: 세탁기-트롬, 모바일폰 – 스카이, MP3 – iPod, 오토바이 – 할리데이비슨
- 서비스: 웅진코웨이의 렌탈제도, 싱가포르 항공의 서비스 방법
- 사업방법: 옥션, 사우스웨스트 항공, 델컴퓨터, 싸이월드

등을 좀더 깊이 있게 연구해보라.

주변 사람들의 이야기나 자신의 피상적인 생각으로 결론짓지 말고, 정말 진지하게 검토를 해야 한다. 그리고 이들의 핵심역량을 확인하고 핵심역량이 유사한 사업 또는 경쟁회사와 무엇이 다른지를 검토해 볼 필요가 있다. 여기서 확인되는 내용은 다른 사업에서도 활용 가능한 요소가 있으며 실제 도입하여 성공을 하고 있다.

IT기술의 발달, 소득의 증가에 따른 선호도의 진화, 라이프스타일의 변화, 신세대의 구매역량 증대, 글로벌라이저이션 확대 등은 새로운 가치체계를 형성하고 있다. 이는 지금까지의 내용과 다른 새로운 소비행태와 문화를 나타내고 있는 것이다. 그러니 기존의 사업방식

은 시장에서 인기가 점점 줄어들고 있다.

예를 들어, 최근 신세대들의 소비현상을 보면 우선 소비행위 자체가 자기만족감을 극대화하고자 한다. 그래서 다른 사람이 뭐라 하든지 자기가 좋은 것을 구매하여 사용한다. 또 하나는 자기를 과시하는 상징성이다. 휴대폰이 비싸더라도 자기차별화를 갖출 수 있는 것이라면 과감히 구매한다. 백화점에서 PDP-TV를 특별할인하는 행사가 있었는데 한 달에 판매할 물량이 불과 며칠 만에 모두 판매된 적이 있다. 주로 결혼 혼수품으로 팔렸다고 한다. 다른 것은 몰라도 TV 하나는 제대로 된 것을 갖추겠다는 것이다. 또 학생들은 자기가 갖고 싶은 것을 갖기 위해 아르바이트를 해서라도 돈을 벌어 구매한다. 이러한 현상은 기존의 사업방식으로는 대응하기가 어렵다.

블루오션, 펑키비즈니스, 비즈니스 역발상, 창조적 파괴, 러브마크, 와해성 혁신 등 최근 화두가 되고 있는 경영기법 또는 이론들의 공통적인 이야기 포인트는 무엇일까? 서로 용어만 다를 뿐 의미는 비슷한데, 그것은 바로 고객가치가 중요하다는 것이다. 즉, 기존 공급자 중심의 혁신이라는 관점에서 벗어나 철저하게 고객 관점에서 문제의 본질을 바라보면서 고객가치를 충족시키거나 새로운 고객가치를 창출하는 것이 경쟁우위 확보의 최대요건이라는 것이다.

이 같은 새로운 사고와 방식의 필요성이 많은 학자와 전문가들의 사례를 통해 증명되고 있다.

- 블루오션 - 프랑스, INSEAD 경영대학원 김위찬/르네 마보안 교수
- 비즈니스 역발상 - 독일, 얀나 푀르스트/페터크로이트
- 펑키비즈니스 - 스웨덴 스톡홀름 경영대학원, 요나스 리더스트럴러/체노오스트럼 교수
- 창조적 파괴 - 미국, 하바드대 크리스텐슨 교수
- 러브마크 - 프랑스, 사치 앤 사치 CEO 케빈 로버츠

그러면 가치의 변화방향을 살펴보자.

첫째, 구매동기가 제품/서비스의 핵심기능 중심에서 다양한 기능 중심으로 전환되고 있다.

핸드폰은 전화를 하는 기본기능에서 카메라, 라디오, MP3 기능까지 포함시키고 있다. 여러 기능을 결합하여 새로운 가치를 느끼도록 하는 것인데 신기술의 개발이 아닌 새로운 복합제품으로 가치를 증대시키는 것이다. (예: 핸드폰, 복합프린터기, MP3, 퓨전 레스토랑 등)

➜ 다른 기능을 포함시켜 다른 이미지 상품으로 만들어라.

둘째, 상품기능을 통한 만족은 기본이고 상품의 느낌이 주는 것까지 만족하고 있다.

커피숍의 경우 커피만 마시는 것이 아니라, 대화, 독서 등 사용범위가 넓어지고 있다. 기존에는 기술적 우위 제품의 제조가 경쟁력이 되었는데 최근에는 고객이 원하는 제품을 누가 먼저 만드냐는 것이

핵심역량이 되었다. 즉, 최근에는 기술과 제품의 질이 비슷해지고 경쟁이 치열해지면서 기능보다는 소비자를 공감시키는 정도가 경쟁우위요소가 되었다. 고객을 공감시키는 것은 무엇일까? 예를 들면, 제품의 특징보다 제품의 느낌, 분위기 등 고객이 필요로 하는 감성이 포함된다. 업종, 제품/서비스, 회사마다 다르겠지만 업종이 다를 경우에도 유사한 사례는 있을 것이다. 공감을 이끌어내는 요인은 거의 비슷하다. (세탁기-트롬, MP3-아이리버, 시계-스와치, 가구-한샘 등의 제품가치 증대와 배달, 온라인 등으로 고객편리성을 증대시키는 것 등)

➔ 새롭게 감성적인 디자인을 갖추어라.

셋째, 고객의 구매요인이 구매가치 중심에서 사용가치 중심으로 이동하고 있다.

고객이 적당한 가격으로 재미있고 만족스럽게 즐길 수 있으며 또 사용을 통해 권위, 차별성, 개성 등을 얻을 수 있는 것을 제공하는 것도 새로운 사업방법의 하나이다. (극장-CGV, 모바일폰-스카이, 화장품 샵-더페이스샵 등)

➔ 새로운 차별성을 느끼도록 하라.

가치구조

가치구조는 제품/서비스의 자체특징, 제품/서비스의 정보탐색, 제품이 고객에게 전달되는 과정, 고객의 구매행동과 특징, 사용만족과 사후관리 등으로 나누어질 수 있다. 각각의 가치구조에 포함되는 세

구분(기본목표)	세부요소	차별화 요소	실행 노력가능요소
상품/서비스 탐색 (내용이해가 쉽고 빠르게)	-상품/서비스의 특징	주요기능 감성요인 제공할 효익	
	-정보파악	정보접근시간 접근의 용이성 내용의 이해용이성	
구매 (즐거움 제공)	-구매활동	종류의 당양성 가격의 다양성	
	-점 포	점포위치 온라인 점포 무점포 판매 이미지-편안, 깨끗, 럭셔리 구매편리성-동선, 진열, 정보지원 종업원-복장, 미소, 지식수준, 화법 이벤트-마일리지, 판촉활동	
배송 (빠르고 정확히)	-납 품	속도 편의성 적시성 제품설치	
사용 (체험만족도 증대)	-기능적 가치 -사회적 가치 -감정적 가치 -인식적 가치 -조건적 가치	내구성(TV, 냉장고), 신뢰성(냉방효과, 삶는 효과) 사회적 인정 정도(고장이 잘 나지 않는다) 감성, 감정적 교류사항(블로그, 제품이미지) 상품의 독특성과 만족도(신 아이디어 사업/상품) 가치의 확장(복합기능 제품, 용도의 확대) 효용 권위 재미 이미지 상승 편리성 편안 고객관리 생산성	
애프터서비스 (빠르고 정확히)	-청구	청구절차의 용이성 간편성	
	-고객대응	속 도 적시성 소요비용	
폐기/처분 (빠르고 저렴하게)	-처리과정	간편성 처리비용 재활용 환경친화성	

부내용들이 가치를 가지고 있는데, 기업들이 이를 얼마나 잘 활용·관리하느냐에 따라 고객이 느끼는 가치의 크기는 달리 나타난다. 따라서 각각의 가치구조 내용별로 고객만족 증대와 차별적 우위를 갖추게 하는 것이 기업의 고객가치 창출활동이다.

고객들은 제품/서비스를 구매·사용 시 일련의 경험과정을 겪게 되는데, 제품/서비스의 탐색을 시작으로 구매 → 배송 → 사용 → 유지/보수 → 폐기/처분에 이르는 6단계 사이클이 있다. 따라서 기업은 각 단계에서 발생하는 고객의 불만사항, 미충족욕구 그리고 기타 문제점 등이 무엇인지를 잘 파악하여 새로운 고객가치를 발굴할 수 있는 기회를 가질 수 있다. 실제 고객가치는 단계별로 고객이 추구하는 효용가치를 분석해봄으로써 도출할 수 있다. 물론 제품/서비스별로 고객가치에 차이가 있는데, 판매하는 제품/서비스의 특성을 감안하여 고객가치를 찾아내려는 노력이 매우 중요하다. 그리고 찾아냈다면 앞으로 이의 열람이 가능하도록 자료화하는 것도 필요하다.

3. 가치종류별 변화와 사업(재)정의

가치체계

- 고객 중심: 미충족욕구, 비고객시장 창출
- 핵심역량 중심: 탁월한 방식, 핵심역량의 강화, 유사사업 아이디

어 활용

• 제공되는 방법 중심: 가치사슬 전문화

(1) 고객 중심

미충족욕구의 충족

미충족욕구란 고객의 새로운 욕구에 적합한 가치를 제공해주지 못해 나타나는 욕구이다. 이는 사용하면서 나타나는 불만사항과는 다른 것으로, 과거에 충족하지 못한 가치를 충족시켜 사업을 성공시키는 방법이 된다. 아이스크림을 먹을 때 너무 달다는 표현은 불만사항이다. 그러나 '달지 않은 아이스크림은 없는가' 라는 사항은 미충족욕구이다. 최근에 미충족욕구를 충족시켜 주는 방법이 좋은 사업기회를 창출하고 있다.

:: 커피문화를 새롭게 창조한 커피전문점-스타벅스(새로운 경험(문화) 제공사업)

만남의 장소로서 대화를 자유롭게, 마치 집에서 가족 같은 분위기를 느끼면서, 거기에 맛있는 커피까지 곁들이면 고객을 위한 좋은 공간이 될 것이다. 이탈리아 사람들이 대부분 이런 분위기를 즐기는데, 이것이 스타벅스 사업의 착안사항이 되었다고 한다.

이제 커피숍은 단지 커피만 파는 장소가 아니라, 사람들이 커피를 마시면서 즐겁고 친밀한 분위기를 느낄 수 있는 감성적인 경험을 제공한다. 이는 중요한 경쟁력이 되고 있으며 가치의 변화를 확인할 수 있는 대표적인 사례가 된다. 최근 가장 성공적인 기업으로 손꼽히는 스타벅스는 상품경쟁력과 함께 새로운 경험을 제공했다. 스타벅스의 성공은 경쟁의 경계는 무의미하다는 사실을 잘 보여주고 있다. 스타벅스는 커피를 판매하기 때문에 커피숍들이 경쟁사이다. 하지만 스타벅스가 제공하는 공간은 사람들이 교류 및 대화를 하거나 쉬는 장소인 영화관, 카페, 빵집 등과 경쟁관계에 있다.

따라서 최근에는 고객의 라이프스타일을 중심으로 같은 유형의 스타일인 출판, 음원사업도 병행하고 있다(커피+독서, 커피+음악). 스타벅스는 음악을 듣고 책을 읽으며 커피를 마실 수 있는 다목적 문화공간으로 정착되고 있다. 커피숍에서 제조업체의 경영마인드를 활용하여 사업을 한다면, 스타벅스가 일반 커피숍과 같은 서비스를 제공한다면 고객이 찾아갈까? 경쟁우위를 갖추려면 무엇인가 달라야 하는데 그 방향을 명확히 해야 차별적 비교우위를 구축할 수 있다.

커피는 원료 자체가 같기 때문에 어떻게 사용하느냐에 따라 고객이 느끼는 가치가 다르다.

가치단계별 특징	용도변화	사업재정의	경쟁력
커피원두	원료	재배업	원료의 품질, 판매가격
인스턴트 커피	기호품	제조업	구매빈도, 가격
커피숍	대화의 매개체	서비스업	맛, 사용빈도
스타벅스	문화	감성, 체험사업	문화, 분위기

➡ 고객가치: 이제 점포는 먹을거리만 파는 곳이 아니다. 고객은 구입 → 먹는 공간 → 나아가 대화 및 문화의 공간을 필요로 하고 있다.

➡ 점포를 개설할 때 잊지 말아야 할 트렌드 – 예전에는 제1공간인 집이 편해야 했으며 제2공간인 사무실이 편해야 했다. 그러나 이제는 집과 사무실의 중간인 제3의 공간이 편하고 즐거워야 한다. 제3의 공간이 점포이다. 마트, 찻집, 빵집, 보석집, 옷집, 서점 등 매우 많다. 이런 곳이 변신을 해야 한다.

변화내용을 알고 싶으면 스타벅스 커피숍, 더페이스샵, 총각네 야채가게, ABC신발마트 등등을 찾아가서 확인해보라.

:: 좀더 새로운 만족을 위한 방법–여행사업(여행의 만족극대화 방법 제시)

여행사업이 관광안내사업 → 여행자문사업 → 여행회원제사업으로 사업의 정의가 진화될 것이라고 앞서 제시하였다. 이렇게 사업이 변한다면 준비사항은 무엇이 될까? 가장 먼저 변해야 할 사항부터 검토해보자.

직원들을 전문지역 전문가로 양성하여 단순한 여행업무안내자에서 여행업무 기획 및 정보전문가로 탈바꿈시켜야 한다. 이렇게 되면 신규채용자의 기준이 달라지고 회사의 진급요건도 변경되어 회사의 사업내용과 매출구성도 변하게 되는 것이다. 이들이 앞으로 여행사의 경쟁력의 원천이 될 것이다. 이런 방법은 디자인, 마케팅 직원으로 교체하는 것이 아니고 기존 직원들의 능력개발로 시장대처가 가능한 것이다. 신사업모델을 위한 검토대상은 유학사업을 참고하면 충분히 가능하다. 특히 수입체계를 확실히 할 수 있다.

이것이 활성화되면 공식적으로 회원을 모집하여 사업화할 수도 있으며, 회원들의 욕구도 추가로 확인하여 원하는 국가의 특산품 등을 구매대행을 할 수도 있을 것이다.

	기존여행사	신규여행사
상품내용	일반화	전문화
상품다양성	많다	적다
고객만족	평범	높다
전문지식수준	낮다	높다
브랜드인지도	높다	낮다
여행상담	단체	개인
제공서비스	일률적	개인맞춤
개인별 이익	적다	많다
경쟁사	기존여행사	테마파크, 전문여행사

➔ 여행업의 가치이동 (✽네모는 기존여행사과 신규여행사의 비교우위요소를 파악한 것)

➔ 고객가치: 전문화된 개인 맞춤식 여행상품이 개인별 효익이 크다.

:: 더페이스샵, 미샤 – 초저가화장품 어디까지 왔나

적정한 가격과 품질력을 갖추고 유통망에 대한 고정관념을 버리는 것이 성공전략이다. 초저가 화장품 시장규모는 약 2500억 원이고 대표적인 시장선도 회사에는 미샤, 더페이스샵 등이 있다.

	더페이스샵	미샤
시장규모	2002년 4월 이대 1호점 2004년 200호점 돌파	2003년 12월 명동 1호점 2004년 8월 130호점
2004년 매출	1200억 원	700억 원
모 델	보아, 윤진서	권상우, 원빈
후발브랜드	라팔레트, 코스메틱넷, 캔디샵, 도도클럽, 아이앙띠, 피컷, 나인폭스클럽 등의 독립 브랜드가 시장규모를 형성할 것으로 예상되고 있다.	
경영방침	• 화장품 할인코너와 점포분위기, 고객응대, 제품 차별화 • 고가의 화장품과 가격 차별화, 자연주의, 중저가에 양질의 품질을 제공	
가격정책	3300원을 강조한 포스터와 안내문 부착	
유통정책	로드샵(road shop)과 샵인샵(shop in shop) 병행: 가맹점 정책과 백화점, 대형할인점 진입, 전국 각 중심상권에 진출	
점포 컨셉	매장 품위, 화이트와 그린 컬러의 조화, 저렴한 가격에 세련된 고급점포	
주 고객	10대 후반~20대 초반의 젊은 여성	
경영특징	1) 유통단계 축소 2) 불필요한 패키지 및 광고비용 축소 3) 가격 최소화	
고객관리	1:1 상품설명과 조언 상품의 기능과 고객욕구의 적합점 연결	
주요 경쟁가치	젊은 여성 소비자들의 눈높이를 향상시킴	

	화장품전문점	미샤, 더페이스샵
분위기	좁고, 어두운 편	넓고, 화사한 편
판매방법	고객요구에 대응	고객요구를 지원, 보완, 자문
점원 수	1~2명	3~5명
제품 수	다양	한정
제품지식	넓고 다양 고객과 별 차이가 없다	좁고 깊이 고객에게 좀 더 깊은 지식을 전달
복장	다양	균일
효익	보다 저렴한 구매	보다 유익한 쇼핑
경쟁사	화장품전문점	백화점, 전문화장품점

➔ 가치이동

➔ 고객가치: 분위기 있는 곳에서 제품설명과 안내를 받으면서 저렴한 가격에 구매를 한다. 즉, 저렴한 가격에 유익한 쇼핑을 하는 것이다.

비고객시장을 찾는다 – 잠재욕구를 자극하여 비어 있는 시장을 창출한다. 고객이 없다면 직접 만든다

:: 초콜릿

가장 많이 팔리는 초콜릿은 코코아와 우유의 비율이 50:50인데 제품의 차별성이 적어 시장의 경쟁이 매우 치열했다. 그런데 초콜릿은 코코아와 우유의 구성비가 꼭 반반이어야 하는가 하는 의문이 생겼다. 제품성분이 코코아:우유=25:75 또는 그 반대의 성분을 갖추면 어떨까 하는 생각이 들었다. 그래서 새로운 틈새시장을 찾아보았다. 그런데 해당시장에 진입한 제품이 없어 기회요인이 되어 시장테스트를 하였더니 우유함량이 너무 많은 제품(우유함량 80% 이상)은 제품의 강도유지가 어렵고 코코아가 너무 많은 제품(코코아 90% 이상)은 쓴맛이 강하여 시장형성이 되지 않았다. 그러나 우유보다는 코코아가 많이 함유된 시장(우유:코코아＝25:75 등)은 고객의 욕구가 있었다(주로 살찌는 것을 싫어하는 소비자).

이 제품이 지금의 허시 다크(Hush Dark), 로즈라는 초콜릿이며 이제는 자기 시장을 별도로 차지하고 있다.

비고객시장이 중요하게 대두되고 있다. 이에 대한 충실한 조사와 철저한 분석, 적절한 제품/서비스 계획이 필요하다. 비고객시장은 기업들이 검토할 충분한 가치가 있다.

:: 저렴한 가격과 최소의 서비스 제공 – 사우스웨스트 항공(저가맞춤사업)

항공여행사는 식사도 주고 편안한 의자도 제공하며 여행의 지루함을 없애기 위한 여러 가지 방법을 제공한다. 이것은 항공사가 제공하는 기본 서비스이다.

항공사업의 정의는 고급스럽게 고객을 모시는 것이었다. 그런데 고급화는 과다비용이 발생하고, 서로간의 가격경쟁으로 인해 이익이 감소하며, 나아가 적자를 보는 경우까지 발생시킨다. 모든 고객이 같

		컨티넨탈 항공사	사우스웨스트 항공사
사업정의		편안함 중심 사업	이용 중심 사업
슬로건		편안, 고급, 친절	저렴, 간편한 이용
목표고객		여행자	비즈니스맨
기본전략	사업범위	전국적	지역적
	비용구조	고정비 중심 종업원전체 고용 다양한 항공기 보유	변동비 중심 핵심인원만 고용(임시직 이용) 한두 종류 항공기 보유 (정비시간 단축)
	사업방법	좌석별 차등가격제 Full – Ssrvice 제공 (우등석은 필수) (기내식사 제공)	균일가격제 필요 서비스만 제공 (좌석등급 없음) (기내식사 폐지)
	판매시스템	간접구매(컴퓨터 이용) (여행사커미션 제공)	직접구매 (여행사 커미션 폐지)
	운영시스템	대도시 중심 운영 (의무적 운행)	노선 중심 운영 (수익노선 중심 운행)
	조직형태	조직된 노동력 활용	비조직 노동력 활용 (저임, 고생산성)

은 서비스를 원하는가? 꼭 이와 같은 사업방법을 유지해야 하는가? 고객욕구를 조사한 결과, 식사 등 비행 중의 서비스 삭제, 비행기표 직접구입 등의 제도변화를 통한 시간절약 등을 요구하며, 대신에 비행요금이 낮았으면 한다는 의견이 제시되었다. 역시 모든 고객이 같은 서비스를 원하는 것은 아니며, 또 그 같은 사업방법을 계속 유지해야 수익이 발생하는 것은 아니다.

한 항공사는 고급스러운 서비스가 별반 필요하지 않은 고객층을 발견하게 되었다. 따라서 이 회사는 항공사업을 안락 · 편안함의 제공사업에서 편의 · 이용 중심으로 사업을 재정의하였다. 식사제공과 우등석, 예약, 비행기표 대행판매 등의 서비스를 취소 또는 간소화하여 표 구입 및 입출국 시간을 단축하였고, 비행기 기종을 단순화함으로써 비용도 절감하였다. 그 결과 기존경비를 삭감하고, 인력의 활용성을 증가시킬 수 있었다. 부두도 만찬가지다. 관리를 고정직과 계약직으로 구분하여 활용함으로써 고정비용 감소, 인력의 효율성

	기존항공사	신규여행사
표 구입	여행사활용	→ 직접구입
좌석선택	좌석제	입장순서
응대서비스	다양	단순
편안성	차별화	평범
가격	비쌈	저렴
수속시간	간편	짧은 편
연결비행기	많다	적다
경쟁사	항공사	고속버스

항공사 가치변화

증대 등의 성과를 얻게 되었다. 그 결과 이 회사는 미국 내에서 가장 이익을 많이 창출하는 기업이 되었으며 창업 이래 한 번도 적자를 기록한 적이 없다.

같은 항공사업이지만 회사가 지향하는 사업방식과 내용에 따라 고객, 만족내용, 관리방법이 전부 달라지게 된다. 이와 같이 고객의 구매요인이 다르기 때문에 지금은 저가제공사업도 사업화가 되어 하나의 중요한 사업모델로 정착되었다.

➜ 고객가치: 여러 가지 절차를 통해 대접을 받으면서 가격이 비싼 것보다는 대접의 내용을 줄이고, 특히 시간을 절약하기 위해 번거로운 절차를 없애며 그 결과 가격도 저렴한 것을 원한다.

(2) 핵심역량 중심

탁월한 방식 제공

탁월한 방식이란 경쟁사보다 제공되는 가치가 우월한 방식인데 지금까지 없었던 방식이나 새로운 시장침투방법 등을 말한다.

:: 영화관의 사업재정의(복합문화공간)

① 사업정의: 영화를 보며 즐기는 것(영화관)→다양한 프로그램을 이용하면서 즐기는 곳

② 기존영화관의 특징과 불만사항

- 특징 → 단순히 영화 보는 곳, 즉 영화만 보면 되지 다른 것은 별로 필요 없다.
- 불만요소와 새로운 의견

영화를 골라 보거나 해당영화 매진 시에 다른 영화도 볼 수 있으면 좋겠다.

영화 상영시간을 기다리면서 지루함을 없앨 수 있는 것이 필요하다(게임, 음악감상, 맛있는 커피와 다과, 기타 즐길 수 있는 것).

기타 원활한 예매시스템, 아기 돌보기 등이 있었으면 한다.

- 영화관 내의 답답함의 해소

의자 간의 간격이 비좁다: 앉아 있기 불편, 옆 사람 이동 시의 움직임

화면의 보이는 정도: 경사가 낮아 앞 사람의 크기에 따라 화면을 보는 데 어려움

화면이 작은 편이고 소리의 실감이 적어 흥미가 덜함

공기가 탁한 것 같아 답답함

의자 자체도 편안하지 않고 먹을거리를 놓기도 불편함

③ 새로운 욕구

영화를 보기 위해 기다리면서 즐기는 것 또는 다른 것을 즐기면서 영화를 보는 것으로 새로운 즐거움 제공의 장으로 꾸미자.

④ 영화관의 새로운 사업정의: 여유롭게 즐기는 곳

- 필요충분조건

  편안한 의자

  여유 있는 의자 간격

  소리의 즐거움

  여러 가지 즐거움과 즐길 거리 제공

  예약 활성화

  다양한 프로비치

  다른 업종과 같이 존재하여 추가 즐거움 제공

- 앞으로 예상되는 수익원:

  장소의 다양한 활용

  회의개최 장소

  운동경기 시 보는 장소(대형화면 활용) 등

⑤ 최근의 국내동향

- 극장예배
- 극장 내 소극장, 방송사 공개홀
- 신작 게임 발표회장
- 기업의 정례모임
- 각종 세미나, 연극 등등에 이용할 수 있게 하여 수입원을 다양화한다.

	기존영화관	새로운 영화관
의자크기	작다	여유롭다
간격	좁다	편안하다
위치	일렬위치로 뒤에서 불편	
기능	단순 앉는 기능	먹고 편안한 것
화면	적은 편	큰 편
바닥구조	평평하여 시청불편	경사가 있어 시청편안
음향	스트레오	8스피커
예약	안된다	가능하다
프로그램	1가지	여러 가지
추가시설	휴게실, 매점 이외에 거의 없다	커피숍, 게임룸, CD점, 패스트푸드점, 매점 등등 여러 가지 즐길 거리 비치
시설활용	거의 없다	여러 가지 모임회, 연극 음악회도 가능
경쟁자	영화관	오락실, 연주회, 카페

➔ 가치이동

➔ 고객가치: 이제는 고객다운 배려가 있어야 찾아간다. 고객 눈높이가 크게 달라지고 있다.

➔ 시설활용: 유사한 기능을 필요로 하는 일이면 사용이 가능하여 수익원을 다양화하고 있다.

:: 클럽메드 – 새로운 개념의 호텔

공항을 나서니 회사명이 적힌 팻말을 들고 있는 두 명의 원주민과 한 여자가 우리를 찾기 위해 서 있었다. 여자는 한국 사람이었는데 이곳에서 휴식과 즐거움을 제공할 직원이라고 자기를 소개하고는 우리를 차에 태워 호텔로 안내했다. 호텔 입구에 들어서니 웰컴센터(Welcome Center)로 우리를 안내하고 호텔 내의 제반시설과 앞으로 있는 동안 여가를 즐길 수 있는 내용을 다양하게 소개했다. 수영장, 해변가 등 주변시설에서 제공하는 서비스와 여러 가지 게임과 놀이, 요일별로 행해지는 운동(탁구, 배구, 골프 등등), 게임(단체 및 개인 게임), 연극, 춤, 노래경연 그리고 물에서 즐길 수 있는 스킨스쿠버, 스노우클링, 래프팅 등을 소개했다. 자기가 참가하고자 하는 행사는 하루 전날 신청을 하면 다음 날 조가 편성되어 같이 즐길 수 있는데, 예를 들어 배구게임을 하고 싶으면 9인조로 진행되는 배구장으로 모인다. 이때는 나이, 피부색, 성별과 관계없이 9명이 하나의 팀이 되어 게임을 하는데, 처음으로 다국적 사람들과 어울려 같이 게임을 하는 것도 하나의 추억과 재미를 배가시킬 수 있었다. 식사시간에는 우리를 환영했던 도우미(이곳에서는 Gentle Organizer라고 한다-이하 GO)가 식당 입구에 서서 우리를 환영하고 자리를 안내하고 식사요령과 문의사항에 대해 답변을 해주어 관광객의 어색함을 해소시켜 준다. 그리고 저녁에는 호텔의 투숙객이 모두 참여하는 쇼가 진행되는데, 이때는 이곳에 있는 모든 GO가 전부 참여하여 투숙객과 같이 게임

	일반 휴양호텔	클럽메드
투숙이유	쉰다	즐거움
한국어 사용	대부분 불가	가능
개인별 오락 프로그램	없다	있다
식사	메뉴구분	구분이 없다(전체 고급식사)
놀이 시설	적다	다양
놀이 프로그램	적다(주로 H/W 이용)	다양(H/W, S/W 전부이용)
경쟁자	일반 휴양호텔	테마파크

➔ 주요가치 비교

과 함께 노래를 하고 춤을 추면서 즐거운 저녁시간을 보낸다.

클럽메드는 '누구나 노는 것도 자유고 놀지 않는 것도 자유' 라는 컨셉 하에 만들어진 휴양호텔이다. 하루 종일 다양한 이벤트에 참여하여 즐기는 것인데, 일반호텔에서는 느낄 수 없는 경험을 제공한다. 물론 이들 프로그램은 선택하여 하는 것이니 의무사항은 아니다. 또 휴식을 취하고 즐기러 온 것이기 때문에 방 안에 TV도 없고, 전화도 없다. 외부의 일은 다 잊고 그저 재미있게 즐기고 가라는 것이다.

이러한 사업정의를 실천하기 위해 빌리지는 해변이 있고 지역적으로 외진 곳에 선정을 하고, 다양한 재능을 가지고 필요한 국가의 언어를 구사할 수 있는 직원을 채용하며, 갖가지 운동시설 및 놀이시설과 프로그램을 준비하여 고객을 맞이하고 있다.

전 세계의 36개국에 120여 개의 클럽메드는 여행객에게 새로운 여가방법을 제시하고 있다. '여행객 자신이 무엇이건 하고 싶은 것을 마음껏 할 수 있고 또 아무것도 안 할 수도 있다' 는 선택형 휴가가 가능한 것이다. 그래서 먹고 자고 노는 것에 대한 가장 최상의 여건을 제공하여 투숙객이 즐기는 데만 신경을 쓰게 한다.

➡ 고객가치: 놀 때 제대로 놀자.

:: 구겐하임 미술관 – 미술감상의 상업화 방법 제공

뉴욕의 구겐하임 미술관의 사업정의는 독특하다. 자신의 경쟁자를 같은 미술관이 아니라 영화, TV 등이라고 재정의를 하였다. 단순히 그림을 감상하는 것이 아니라 그림에서 느낄 수 있는 이미지에 영화관처럼 하이파이 스트레오에서 느낄 수 있는 소리를 제공하고 있다. 즉, 고객이 그림을 보게 하는 것이 아니라 빠져들게 하는 것이다. 고객의 증가는 물론 찾아오는 횟수도 증가했다. 보통의 미술관이 적자로 허덕이는 것과는 대조적으로 이 미술관은 경영성과를 올리고 있다. 구겐하임 미술관은 뉴욕과 스페인의 빌바오, 독일의 베를린에 있다.

스페인의 빌바오 미술관의 예를 보면, 1997년 10월에 미술관을 개관한 이후 빌바오시를 관광도시로 탈바꿈시켰는데, 매년 전 세계에서 100만 명에 달하는 관광객이 찾아온다. 미술관이 시의 지역경제에 미치는 경제적 효과가 엄청난 것이다. 2002년까지 약 6년 동안 약 1조 5000억 원(약 10억 7000만 유로)에 이르는 경제적 효과를 유발하였다. 2003년에는 미술관 관람을 위해 관광객 1인이 평균 약 24만 원(약 176유로)을 지출했다. 고용유지기여도도 1998년 약 3900명에서 2004년에는 4547명으로 증가하여 파급효과가 큰 것으로 분석되었다(참조: 중앙일보 2004년 11월 29일).

	일반미술관	구겐하임
목적	미술품 판매(보는 개념)	즐거움 제공(빠져들게 한다)
상품	미술품	미술품 + 소리
시설	전시관	전시관 + 커피숍 + 캐릭터 숍
경쟁자	미술관	영화, TV

➔ 가치비교

➔ 고객가치: 전시관람도 즐거움을 갖자.

더욱 강화된 핵심역량 구축

:: 크리스피도넛 – 완전히 차별화된 제품 제공

크리스피 크림 도넛점이 한국에 들어와 1호점을 신촌에 열고 몇 개의 점포를 개점하였는데 젊은 고객들의 반응이 매우 좋은 편이다. 특히 신촌점의 경우에는 구입을 위해 줄을 서는 경우가 많다. 편리, 편안함을 좋아하는 젊은 여성고객들이 줄을 서서 구매를 하고 있는 것이다. 발표자료에 의하면 초기 한 달여 만에 하루 평균 1500여 명의 손님이 찾아오고, 매일 1만 개 이상이 팔리고 있다고 한다. 물론 제조공장이 있기 때문에 다른 베이커리점포보다 평수가 큰 편이지만, 1일 1만 개는 적은 수가 아니다. 하루 12시간 개점을 가정하면 720분, 그러면 1분에 약 13개씩 판매된다는 이야기가 된다. 이러한 현상은 초기에 나타나는 현상이라고 생각할 수 있지만 일반적인 사례와 비교하면 대단한 현상이다. 그리고 개점이 몇 달 지난 지금도 고객이 줄을 서서 구매하는 경우가 많다.

그러면 유인요인은 무엇일까? 한마디로 맛과 느낌이다. 크리스피 도넛은 맛을 느끼기 이전에 부드러움을 느끼게 한다. 처음 이빨에서 느끼는 감촉이 다르다. (물론 빵의 핵심은 수분의 함유량에 있겠지만) 혀에서는 지금까지 느껴보지 못한 맛을 제공한다. 단맛이지만 이것을 거부할 수 없는 새로운 맛이 단맛을 이기고 있으며 이 맛을 음미하도록 도넛을 오래 씹게 만든다. 그리고 씹을 때 느끼는 또 다른 부드러움은 '도넛을 이렇게도 만들 수 있구나.' 하고 느끼게 한다. 그리고 직접 만들어지는 것을 볼 수 있게 하여 신선한 맛까지 전해준다.

이 모두 차별화된 핵심역량의 구축이다. 여태까지 먹어보지 못했던 맛을 제공하고 있는 것이다. 여기서 판매되는 커피도 맛이 좀 다른데, 저자가 느끼는 핵심은 커피의 부드러운 맛이다. 따라서 크리스피도넛회사는 고객에게 부드러움을 제공하는 회사라는 생각이 든다. 그래서 점포의 간판에 도넛과 커피라고 쓰여 있는지 모르겠다.

여하튼 도넛을 커피와 같이 먹으면 객단가는 더욱 증대될 것이다. 경영자의 입장에서 보면, 제품종류가 도넛 15개 제품과 커피만을 판매하기 때문에 관리도 간단하다. 단지 점포분위기와 종사원의 분위기는 부드럽지 않은데, 전체가 같은 경영개념으로 서비스를 한다면 더욱 좋을 것이다.

이제는 또 색다른 맛이 소개되고 있고 이러한 현상은 더욱 증대될 것이다.

대체 또는 유사사업(제품/서비스)의 아이디어를 활용한다

여러 가지 산업 내 가장 인기 있는 사업방식을 확인 · 분석 · 활용한다. 또 주력상품보다 대체상품에 만족하는 요인을 파악하여 혁신의 기회로 활용한다.

:: 공제회사에서 투자회사로 – 군인공제회

군인공제회는 기금운영(Management)회사에서 기금투자 또는 활용(Investment)회사로 변신을 해야 한다고 앞서 의견을 제시했다. 따라서 투자회사라는 사업의 새로운 정의(재정의)가 제시되었다.

그러면 누가 투자자산을 개발하고 사업화할 것인가, 현재 자산 중에 새롭게 추구하는 목적에 맞지 않는 자산은 처분을 하거나 개선을 해야 하는데 이는 누가 할 것인가, 또 어떤 투자사업들을 할 것인가 등에 대한 검토가 필요하다. 그런데 현 직원들의 기존의 일은 은행예금, 채권매입 등으로 금리의 차를 이용한 수익사업이 주된 것이었다. 그래서 특별한 지식과 역량이 필요한 것은 아니었다. 그런데 투자회사가 되면 업무의 내용과 역할이 달라져야 하는데 그것이 금방 달라지거나 습득할 수 있는 것이 아니다. 따라서 현재의 인력에 대한 재구성이 필요하게 된다. 기존업무, 신규투자분석 및 투자업무 등을 구분하여 현재의 인력으로 할 수 있는 일은 어디까지인가, 해당전문가는 얼마나 필요하며 언제까지 양성을 할 것인가, 새로운 지식과 경험을 가진 외부에서 영입할 직원의 자격요건은 무엇인가 등등이 전문적으로 검토되어야 한다. 그런데 투자회사로 간판은 바꿀 수 있으나 실제 업무를 수행할 사람은 별로 없다. 기업의 장기모습(비전)과 사업의 정의가 결정되면 전체 시스템도 바뀌는 것이다. 일반적으로 우리는 이를 혁신이라고 한다. 최근에 공제회사들이 변신을 하여 성공하는 사례도 종종 알려지고 있다. 이와 같이 사업의 재정의는 기업의 경영활동과 의사결정의 방향을 정확히 알려준다.

수입 4512억 원, 지출 3855억 원, 당기순이익 657억 원(순이익률:

14.6%). 이 수치는 군인공제회의 2004년 경영실적이다. 이를 시중금리와 비교해보면 2002년 1월 1일 기준 회사채는 연 7.0%, 국고채는 연 5.9%의 금리를 유지하고 있었다. 그런데 2004년 10월 29일 기준으로 회사채는 3.9%, 국고채는 3.4%로 각각 3.1%, 2.5%가 감소하였다. 그런데 두 기간 중에 회원지급금리는 똑같이 8%를 유지하고 있다. 다른 공제회들은 2003년 7월과 8월에 지급금리를 연 6.5%에서 5.75%와 6.0%로 하향조정한 상태이다. 회원인 군인들에게 매년 평균 8%의 수익률을 주어야 하니 고정비를 포함하여 최소 연 11%의 수익률이 보장되어야 하므로 투자에 대해 매우 신중하다. 그리고 투자의 위험성을 줄이기 위해 금융상품, 아파트 건립, 사회간접자본(SOC) 투자, 기업체 운영 등의 다양한 사업영역을 가지고 있다.

그래서 자금관리 중심에서 투자회사로 변신하여 기본사용금리 11%를 상회하는 투자상품을 찾는 데 집중하고 있으며, 이를 선정하고 계속 성공을 거두어 위와 같은 경영실적을 달성하고 있는 것이다. 따라서 이 회사는 공적자금을 받은 구조조정기업인 하이닉스, 대우건설, 대우인터내셔널, 우리금융지주회사 등을 인수하려 한다. 그동안 축적된 노하우와 자본을 바탕으로 M&A시장에 본격적으로 등장하고 있는 것이다. 또 하이트맥주와 손잡고 진로를 인수하는 데 뛰어들었다. 이 회사의 운영자금은 3조 원, 기업인수 시 조달할 수 있는 자금력은 1조 원이 된다고 한다. 그리고 외부 컨설팅에 의뢰하여 한 곳의 최대투자자금은 여유자금의 10%가 적정하다는 의견도 가지고 있어 자금활용에 정확한 안목을 가지고 있는 것이다. (군인공제회 내용은 한국경제신문 2005년 5월 4일~5월 9일 기사 참고)

(3) 제공되는 방법 중심

가치사슬의 전문화

가치사슬이란 제품/서비스가 고객에게 제공될 때까지 나타나는 구매에서부터 생산, 유통, 판매, 마케팅, 서비스 등 기업업무 흐름을 체계화한 것이다. 이는 각 과정(부문)으로 일이 추진될 때 가치가 창출되는데 이 가치를 연결해놓은 것을 말한다. 가치사슬은 크게 두 가지 방향이 있는데 하나는 기존가치사슬이고, 또 하나는 기존가치사슬이 변화되어 새롭게 나타나는 변형된 가치사슬이다. 변형된 가치사슬은 환경의 변화, 즉 디지털화, 고객의 구매패턴 등의 변화로 기존사업모델이 제 기능을 발휘하지 못하거나 별도로 새로운 가치가 창출되는 현상으로서, 이는 기존의 방식이 아닌 새로운 방식의 가치사슬을 말하는 것이다(이러한 현상을 보스턴컨설팅그룹에서는 디컨스트럭션(Deconstruction: 기존의 문장을 다른 각도에서 재검토하고 단어를 분석하여 다시 재구성함으로써 전혀 다른 의미를 찾아볼 수 있다는 뜻(자료: 《BCG의 6가지 성공전략》(2005. 3. 18), 미츠코시 유타카 지음, 유춘칠 옮김, p152, 이지북)이라 한다).

:: 의류사업 – 가치사슬 내의 분화를 통한 전문화

일반적으로 패션회사는 옷을 제작하여 판매, A/S까지 담당하는 수직적인 사업방식으로 제품을 가능한 저렴하게 제작하고 적시에 출하하여 사업의 수익을 창출했다. 이것이 기존가치사슬의 기본구조이며 사업방법이었다. 이 방법은 품질수준을 정확히 유지하는 장점이 있다. 하지만 전체 가치창출과정을 보유하여 경영비용이 많이 소요되고, 조직이 크다보니 시장과 경쟁에 적시대응능력이 떨어지게 되어 예전의 수익달성을 어렵게 하는 단점도 있다. 그 결과 외환위기시기에 의류사업을 하던 회사들이 없어지거나 법정관리를 받게 되고, 보유 브랜드를 축소하는 상황이 많이 나타났다.

그러면 의류사업에서 전체 가치사슬을 갖추어야 경쟁우위가 있는가? 해답은 아니다.

다음 그림에서 오른쪽 화살표 방향으로 가치사슬이 분화되어 다양한 경쟁구조를 나타내고 있다. 각 가치사슬별로 해당회사의 핵심역량을 강화하는 사업방법들이 나타나게 된 것이다. 이때 필수적으로 필요한 것이 사업의 정의다. 사업의 명확한 정의는 해당사업의 전문화와 조직전체의 핵심역량을 강화하는 방법을 제시한다.

각각의 전문적인 사업 위주로 사업방법과 사업정의가 설정되는 것이다. 즉, 디자인제공회사, 디자인전문회사, 생산전문회사, 유통전문회사, 배송전문회사, 마케팅전문회사 등등으로 변신할 수 있는 것이다. 이것을 사업의 가치사슬구조와 운영방법을 변화시켜 새롭게

과거의 가치사슬	미래 가치사슬에 따른 사업정의
1. 실의 추출 원자재 재배계획	
2. 원자재 재배	
3. 실의 추출 및 가공	
4. 실의 판매	
5. 실의 구매 및 원단제작	
6. 염색	
7. 원단구매와 제품디자인	→ 1) 디자인을 전문으로 하여 의류회사에 제공(디자인제공회사)
	→ 2) 디자인을 만들고 제품은 다른 회사에서 제조(디자인전문회사)
8. 제품생산	→ 제품만 생산하는 회사(생산전문회사)
9. 저장 및 운송	→ 제품의 저장이나 운송만 하는 회사(창고 또는 운송전문회사)
10. 판매(대리점, 유통점)	→ 직영 유통점(유통전문회사)
	→ 백화점, 대리점 위탁판매
	→ 재고처리 할인점
	→ 무점포판매
	→ 쇼핑몰, 홈쇼핑
	위 유통점을 보유하고 있지 않으면 유통전문회사에 판매의뢰
11. 배송	→ (배송전문회사)
12. 광고 및 판촉활동	→ 마케팅전담회사(마케팅전문회사)
13. 수선 및 A/S	→ 광고, 판촉활동 전문회사

사업의 정의를 구축하는 방법이라고 한다.

이제 회사의 가치사슬구조를 한번 작성해보라. 그러면 경쟁력을 비교하며 좋은 아이디어를 확인할 수 있다.

:: PC사업 – 가치사슬 내 한 부문의 차별화

PC시장의 경쟁사항의 변천과정을 보면, PC가 처음 소개될 때에는 제품품질이 경쟁력의 최우선 과제여서 품질유지를 위해 전체 가치사

슬과정을 갖추는 수직통합식 사업모델이었다. (제1세대 경쟁요인)

그 후 대부분의 PC제조업체가 같은 수준의 품질을 유지하게 되어 품질보다 가격이 주요 경쟁요인이 되었다. 따라서 전체 가치사슬과정을 갖추고 있는 기업보다 가치사슬별로 특화한 전문기업들이 가격경쟁력을 갖게 되어 시장을 주도하였다. (제2세대 경쟁요인)

최근에는 PC품질과 가격경쟁력도 갖추고 있어 고객의 실제구매요인에 적합한 제품/서비스를 제공하는 것이 경쟁요인이 되고 있다. (제3세대 경쟁요인)

이런 상태에서 경쟁력을 보면, 가치사슬별로 경쟁력을 갖춘 기업, 예를 들면 PC의 운용을 돕는 소프트웨어나 솔루션 제공업체, 소비자 욕구에 빠르게 대응하는 고객밀착형 기업이 시장점유를 높일 수 있다. 유통에 강점을 가진 델이 성공할 수 있었던 배경도 이 때문이다. 그리고 컴팩은 HP에 합병되어 경쟁력을 증대시켰고, IBM은 PC사업부문을 처분하기로 하여 중국의 렌샹이란 PC회사에 판매를 했다. 이와 같이 시장변화에 따라 사업이 재편되고 있는 것이다.

구분	핵심역량	구비조건
도입기	제품의 안정성	수직통합형 사업구조
성장기	빠른 제품출시능력	모듈 또는 플랫폼
성숙기	고객욕구에 앞선 기능	핵심부품 소유나 운영 S/W회사 또는 고객욕구에 빠르게 대응하는 회사 (예: 델컴퓨터)

PC 사업(예)의 가치사슬 변화

도입기 → 재료구입에서 생산, 판매까지 전체를 관장하는 사업

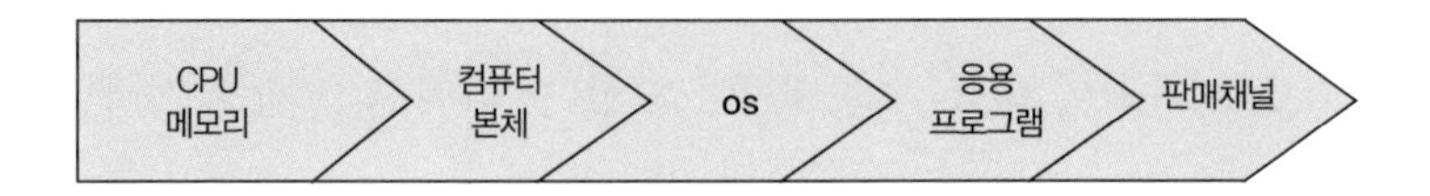

성장기, 성숙기 → 관련부품, 프로그램전문회사, 제조전문회사, 유통전문회사별로 각자의 핵심역량을 중심으로 전문화하여 생산 · 판매하는 사업

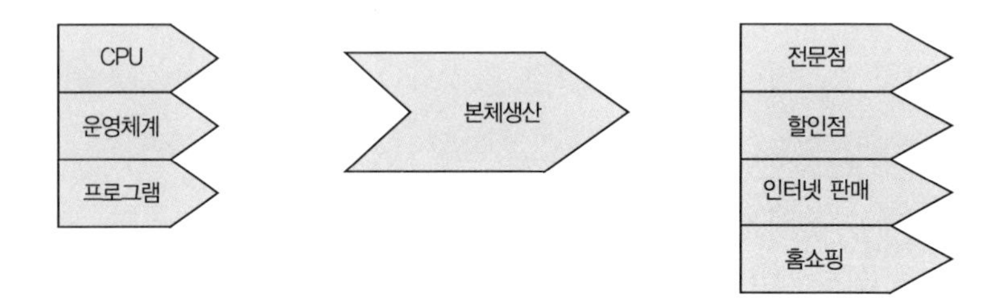

델컴퓨터의 특징

- 유사사업과 비교: 전화나 인터넷을 통해 고객이 원하는 스타일로 PC를 디자인해주는 델과 동일한 사업모델을 가지고 있던 회사가 있었다(게이트웨이). 이 회사는 차별화 사업방법으로 실제 매장에서 PC를 평가해보고 구입할 수 있도록 수백 개의 '게이트웨이 컨트리' 라는 매장을 만들었다. 그러나 고객의 구매요인은 가격이었기 때문에 결국 이 회사는 경쟁대열에서 물러나게 되었다.
- 단기간에 컴팩, HP를 제치고 세계 1위의 PC제조업체로 성공하였는데 주요 사업방법은 인터넷 기반의 주문생산 및 고객맞춤식 판

매개념의 도입이었다. 델컴퓨터는 온라인 주문생산으로 재고자산 보유기간을 32일에서 평균 6일로 단축시켰다. 경쟁업체들이 평균 50일간의 재고자산을 보유하고 있다는 사실과 가격변동이 심한 컴퓨터 관련제품의 재고위험을 고려한다면 엄청난 비용절감이 아닐 수 없다. 이를 통해 델컴퓨터는 컴퓨터 업계에서 가장 빠른 재고회전율을 보유하게 되었다.

- 사내협력: 협력업체와 웹을 통해 디자인, 개발 스케줄, 제품정보 등 거의 모든 정보를 공유하여 시장대응에 유연하게 대처했다.
- 델 노트북의 제조과정
  - 키보드: 중국,
  - PCB: 싱가포르,
  - 마더보드: 말레이시아,
  - 반도체: 미국 기업의 설계 특허를 이용해 대만에서 제조.
  - 소프트웨어 작업: 미국, 인도, 스웨덴, 러시아에서 나누어 진행되었다.
  - 디자인과 조립: 각각 미국과 중국에서 했다.
- 현재(변화된 가치사슬): 제품과 부품을 제공하는 회사 중심의 마케팅이 아니라 고객이 원하는 사양에 적합한 제품을 빠른 시간 내에 제공하는 사업

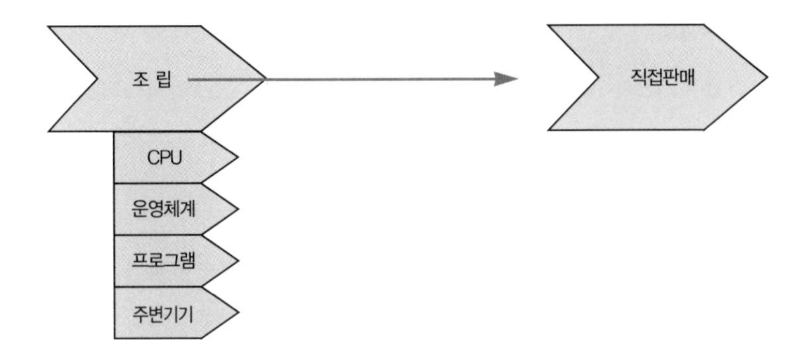

마이크로소프트의 오피스 개발팀은 고객의 사용기능을 단순화하고 개선한다는 원칙을 가지고 고객사용행태를 관찰해 차기제품에 적극 반영한다. 따라서 더 많은 기능이 추가되어도 사용이 더 간편해진다고 느끼게 되었다. 그 결과 사용자들이 문서 수정과 오피스 프로그램(워드, 파워포인트, 엑셀 등)에서 작성한 문서를 하나로 통합하는 데 가장 많은 시간을 소비한다는 것을 확인하여 새로운 버전은 이런 기능을 보다 단순화하고 새로운 기능은 쉬운 인터페이스로 소화했다.

:: 캐논의 전략 – 별개의 가치사슬 활용

제록스의 경우 사업초기에는 대기업 중심의 영업이 인기가 있어 영업과 A/S를 전부 직영으로 운영했다. 그러나 판매증가의 둔화는 자금흐름을 어렵게 하여 대처방법에 어려움을 겪었다. 이에 대한 캐논의 전략은 작은 복사기가 필요한 개별수요에 대응하면서 판매와 A/S는 대리점을 통해 해결하여 관리비용부담을 최소화하는 것이었다. 판매방식도 제품가격이 낮은 편이어서 직접구매방식을 도입하여 현금흐름을 원활히 하였다.

이와 같이 같은 제품을 팔아도 사업방법에 따라 실제 사업성과가 다른 것이다. 온라인과 오프라인, 현금판매와 대여, 점포안 판매와 테이크아웃(Take-out), 정가판매와 할인판매, 점포판매와 무점포판매, 점포판매와 배달 등 사업방법의 변화는 다양하다.

다시 캐논의 복사기 시장 진출사례를 보자. 당시 선도기업인 제록스의 전략은 우선 제품은 고속 그리고 대용량의 복사기였다. 동시에 이런 고속, 대용량의 복사기에 적합한 대기업을 주요고객으로 선택했다. 제록스의 여러 운영방식은 이러한 대형복사기를 대기업에 효과적으로 판매할 수 있도록 고안되었다. 즉, 대형복사기를 대기업에 효과적으로 판매하기 위한 유통방식으로 영업사원이 기업고객을 직접 방문하는 직접판매망을 사용했다. 한편 복사기에 이상이 생길 경우 대형복사기라 고객이 이를 대리점으로 운반하여 수리받는 것이 비현실적이므로 애프터서비스 방식 또한 서비스 직원이 기업을 직접 방문하여 수리하는 직접서비스 방식을 채택했다. 또한 값이 비싼 대형복사기이므로 고객이 제품을 현금으로 구입하는 것이 어려워 대여가 가장 적합한 판매방식이 되었다.

이러한 전략으로 제록스가 군림하고 있던 복사기 시장에 IBM, 코닥 그리고 캐논이 비슷한 시기에 진출을 하게 된다. IBM과 코닥은 제록스와 거의 동일한 전략, 즉 제품에 있어서는 대용량, 고속의 복사기, 고객은 대기업에 집중하고, 이를 위한 기술 · 유통 · 애프터서비스 · 판매방식과 같은 각종 운영방식도 제록스와 동일한 방식을 사용하였다.

반면에 캐논은 복사기사업에 있어서 복사기의 속도와 용량만이 아니라 편의성(즉, 실제로 복사기를 사용할 때 고객이 얼마나 편리하게 사용할 수 있는가) 또한 상당히 중요한 성공요인으로 보았다. 이러한 편의성을 증대시키기 위해 캐논은 복사기를 특정지역에 설치하고 기업 내 각 구성원이 이 지역으로 와서 복사를 하고 각자의 위치로 돌아가는 중앙집중식 복사방식을, 각 부서 또는 각 개인의 책상에 복사기를 하나씩 설치하여 각자의 복사업무를 가능하게 하는 복사방식으로 바꾸었다. 이런 복사방식에 적합한 제품은 소형복사기다. 그리고 소용량, 저속 복사기를 선호하는 고객의 대상은 대기업뿐 아니라 중소기업이나 개인사업을 하는 고객이다. 제품이 소형복사기이고 동시에 고객도 대기업 내의 각 부서, 중소기업 또는 개인이므로 직접판매는 효율적이지 않아 캐논은 대리점을 통한 유통방식을 택하게 된다. 애프터서비스의 경우에도 복사기가 소형이라 이동이 용이하여 고객이

구분	제록스	캐논
목표고객	대기업	중소기업
제품종류	대형복사기	소형복사기
유통채널	직판	대리점
애프터서비스	직접서비스	대리점
주요판매방식	대여	판매

대리점으로 가져가서 수리를 받는 것이 가능하다. 뿐만 아니라 값이 상대적으로 저렴한 소형복사기이기 때문에 고객의 자금부담이 적어 대여가 아니라 현금판매가 가능해졌다. 캐논의 제품을 이용하는 이유가 명확해졌다.

우리 기업 중에는 똑같은 전략을 수행하더라도 열심히 하기만 하면 이등기업도 일등기업이 될 수 있다고 생각하는 기업이 많다. 하지만 오늘날 일등기업 중 낮잠 자는 토끼가 과연 얼마나 있는가? 같은 길을 달릴 때 거북이가 잠자지 않는 토끼를 이길 수 없듯이 같은 전략으로 하위기업이 아무리 열심히 해도 쉬지 않는 일등기업을 따라잡을 수는 없다. 새로운, 그러나 기존의 전략보다 높은 가치를 창출하는 전략을 수립하고 실행할 때 하위기업은 일등기업이 될 수 있는 것이다.

4. 자기 기업의 가치수준 확인

기업이 매출액과 매출액이익률 그리고 투자자본수익률이 감소세로 접어들면 가장 먼저 확인할 사항은 해당사업의 가치창출요소의 현 상태를 확인해보는 것이다. 즉, 가치사슬의 재확인, 고객의 실제 필요가치 파악을 통해 현 사업내용 및 방법과 비교하여 경쟁업체보다 빨리 그 위협과 기회에 대응할 수 있는 방법을 정립해야 한다.

검토 또는 확인사항(예)

- 사업모델은 어떠한 가정 하에서 만들어졌는가?
- 현 사업모델은 얼마나 오랫동안 경제력을 지닐 수 있는가?
- 다음번 가치성장을 위해 새로운 사업모델이 필요한 때는 언제인가?
- 최근 5년간의 새로운 사업설계 유형은 어떤 것들이 있는가?
- 해당고객이 선호하는 근거는 무엇인가?
- 해당고객과 기존고객의 차이점은 무엇인가?
- 현재 고객욕구와 회사의견의 차이점은 어떤 것이 있는가?

part 02

사업재정의 시 검토할 사항과 추구할 방향

우리 사업의 핵심역량은 무엇인가? 핵심역량의 경쟁력은 아직도 존재하는가? 경쟁사와 큰 차이가 없는가? 핵심역량이 바뀌어야 할 시기인가? 아니면 더 큰 변화를 해야 할 시기인가? 지금 바꾸지 않는다면 앞으로는 어떻게 될까? 바꾼다면 어떻게 바꾸어야 하는가?

일단 해당사업의 제반 여건을 확인해보아야 한다. 이때 여건은 사업계획이나 전략수립 시 파악하는 내용과는 달라서 주로 고객의 생활과 구매여건을 심도 있게 관찰해야 하며 또 경쟁사의 변화동향을 세심히 살펴야 한다. 경쟁사 동향을 검토할 때 경쟁의 범위를 확대하여 확인하는 것을 잊지 말아야 한다. 여기서 확대란 실제 경쟁사 이외에 유사 · 대체 제품/서비스에 관련된 회사, 납품, 협력회사 등도 포함된다. 또한 최근의 사회동향으로 고객이 주로 흥미를 느끼고 관심을 가지고 있는 사항에 대한 파악을 게을리 하지 말아야 한다.

CHAPTER 04

사업여건은 어떻게 변화하고 있는가

1. 시장환경

상품에 대한 소비자의 욕구에 영향을 미치는 것은 다양한 사회적 · 문화적 변화, 가계소득의 증가와 지출구조의 변화, 핵가족제도의 확산, 여성의 사회적 역할 변화, 새로운 것에 대한 선호 등 다양하게 나타나고 있다. 또 지금은 제품/서비스의 공급이 넘쳐 경쟁이 치열하고 소비시장이 거의 선진수준에 이르고 있다. 이 상황에서 선진사례의 모방보다 우리 소비자의 소비문화를 잘 탐구해 적합한 상품을 개발하는 능력을 갖추어야 할 것이다. 이제는 과거 고도성장기와 같은 획일적인 대량생산 · 대량소비를 통해 시장에서 위치를 확보할 수 있는 여건이 감소하고 소량생산 · 개별소비가 증가하고 있다.

풍요로운 시대에 태어나고 자란 신세대들이 소비시장의 전면에 등장하면서 그들만의 독특한 소비형태가 우리 사회 전반에 소비혁명을 일으키고 있다. 또한 그들은 그들 나름대로 합리적인 소비기준과 일정한 소비철학이 있고, 자신의 소비욕구를 합리적으로 어떻게 충족시킬 것인가를 잘 알고 있으며, 이를 일상생활 속에서 실천하고 있다. 신세대들은 기성세대에 비해 많은 소비경험과 풍부한 상품정보를 갖고, 성숙하고 당당한 소비주체로 변하고 있다. 이제 신세대 소비자들은 기업의 성패를 좌우하는 가장 중요한 소비자층으로 부상하고 있다. 최근의 소비형태는 제품/서비스의 특징, 가격보다 감성·느낌·분위기, 나아가 하나의 문화형태로 나타나고 있다.

예) 구입 전 특성 – 많은 정보를 취득하며 제품을 선정하고 가격보다는 가치를 더 중시하며 해당제품 구매 시 돈은 아끼지 않으나 1원도 더 비싸게 구매하지 않는다.
구입 시 특징 – 다른 사람들이 구매하는 것은 나도 산다. 그러나 나는 다른 사람과 다른 것이어야 한다.
사용 시 요구 – 구매조건과 다른 사항은 명확히 밝히며 또 제공되는 서비스는 철저히 활용한다.

정보통신 및 IT기술 등의 발전으로 기존 가치사슬이 무너지고 있다

정보통신 및 IT기술 등의 비약적인 발전의 결과로 제조업체의 기존가치사슬은 후발 경쟁사의 전자상거래, 새로운 아이디어 제품/서비스에 의해 무너지고 잠식당하고 있는 것이다. 이러한 변화를 기회로 활용하는 기업의 성장은 기업의 크기, 연륜, 브랜드, 제품의 수와는 관계가 없다. 따라서 새로운 가치사슬과 변형된 가치사슬의 생성, 가치사슬상의 새로운 모델 창출과 새로운 기업 진입 등으로 사업모델에 대한 재검토가 필요한 시점이 되었다.

고객의 구입가치가 기존내용과 확연히 다르다

또 하나는 소득의 증가와 구매수준의 변화로 구입가치가 달라지고 있는 것이다. 제품의 품질은 기본이고 디자인과 색감, 제공되는 서비스가 좋아야 구매의 우선순위가 되는 것이다. 대기업 제품이 아니라 디자인이 좋은 중소기업의 MP3가 팔리고 있고, 저가제품의 화장품 인기가 계속 상승하고 있다. 고객의 제품/서비스 구매기준이 제품품질 · 가격 중심에서 실제 혜택을 받을 수 있는 가치 중심으로 변동하고 있는 것이다.

이러한 변화는 매우 빠르고 다양하게 나타나고 있어 기업경영에서 과거의 방식이 아닌 새로운 방식을 필요로 하고 있다. 시장전략에 대한 내용을 전체적으로 검토할 시기가 도래하고 있는 것이다.

2. 경쟁자를 확인하는 눈과 검토하는 방법이 달라져야 한다

자사와 같은 제품/서비스를 만들거나 파는 회사만 경쟁자는 아니다. 경쟁의 범위가 무너지고 있는 것이다.

처음에는 기술적으로 뛰어난 제품을 만드는 것이 경쟁력이었는데, 이후에는 누가 먼저 소비자가 원하는 제품을 만드는가 하는 것이 핵심역량이 되었다.

앞서 살펴본 바와 같이 스타벅스의 성공은 경쟁의 경계는 무의미하다는 것을 보여준다. 스타벅스는 커피를 파니까 당연히 커피숍과 경쟁이 되어야 한다. 그러나 스타벅스의 매력은 공간이다. 여유롭게, 자유롭게 만나는 공간을 제공하고 있는 것이다. 최근에는 라이프스타일에 맞추어 커피를 마시면서 책도 보고, 음악도 듣는 사업도 제공할 예정이다. 이런 상황에서 공간의 경쟁자는 누구일까? 소비가 아닌 문화공간으로 형성되어 이들과 경쟁을 해야 한다.

이와 같이 시장에서 성공을 거둔 기업들의 공통된 특징은 기존의 경쟁 룰(the rules of the game)을 따르지 않고, 자사에 적합한 새로운 게임의 법칙을 만들어내어 전혀 새로운 방식으로 경쟁하였던 것이다.

(1) 경쟁자는 누구인가

최근의 경쟁은 경쟁자끼리의 경쟁이 아니라 영역 없는 경쟁(cross

competition)이다. 예상하지 못했던 경쟁자가 많이 나타나고 있다. 그래서 경쟁을 피하고, 나아가 경쟁이 없거나 적은 곳을 찾는 것이 매우 중요하게 대두되고 있다.

경쟁이란 무엇이며 경쟁자의 범위를 어디까지 보아야 하는가?

이것은 최근에 가장 중요하게 대두되는 내용이다. 베이커리회사의 경쟁자는 누구인가? 호빵의 경쟁자는 누구인가? 붕어빵이나 국화빵, 오방떡을 파는 노점상 수의 변화를 통해 호빵 매출에 얼마나 영향을 미치는가를 확인할 수 있다. 겨울에는 군고구마도 이 회사의 경쟁자가 될 수 있다. 이와 같이 우리의 경쟁자는 다양화 · 세분화되고 있어 경쟁자에 대한 검토는 필수사항이 된다.

문제는 경쟁범위와 경쟁사를 정확히 파악하는 능력이 부족하다는 것이다. 이는 시장을 보고 생각하는 방법에서 나타나는 현상이기 때문에 전 직원의 경쟁에 대한 개념과 생각하는 방식을 경영자가 나서서 고쳐주어야 제대로 파악할 수 있을 것이다.

경쟁사의 분석은 새로운 사업정의와 가치이동방향을 확인하는 데 필수적인 방법이다. 따라서 이를 확인할 수 있는 정보순환체계를 잘 만들어놓아야 한다.

보다 넓은 차원에서 고객관심사항이 어떻게 변하고 있으며 이 관심사항이 어떻게 충족되는가에 초점을 두고, 경쟁의 개념을 먼저 규정하는 일이 중요하다.

(2) 경쟁자의 범위는 어디까지인가

고객가치 중심의 경쟁자

일반적으로 경쟁사를 분석할 때 기존 관행에 집착하여 변화를 유도할 수 없는 경우가 많은데 이 상황에서 벗어나는 것이 필수방법이다.

티셔츠를 구입할 때 성인들은 일반적으로 성인용 브랜드를 구입할 것이다. 그런데 자식이나 친구의 권유로 영캐주얼 브랜드를 구입하거나 골프브랜드를 구입하는 경우도 종종 있다. 이 상황에서 전자의 경우 성인용 브랜드 회사를 경쟁사로 알고 경쟁전략을 수립, 시행할 것이다. 그러나 후자까지 보면 영캐주얼, 골프의류도 경쟁자가 되는 것이다. 그런데 티셔츠를 구입하러 갔는데 의외로 재킷이 더 마음에 들어 그것을 구입하였다면 이 또한 경쟁자가 되는 것이다. 이때 회사의 경쟁자는 누구인가? 1차 경쟁자는 영캐주얼이나 골프브랜드이며 2차 경쟁자는 재킷이 될 것이나 같은 라이프스타일에 속하는 제품군도 될 수 있다.

이와 같이 경쟁자는 많아지고 경쟁은 확대되는 것이다. 따라서 이러한 경쟁환경을 극복하기 위해서는 시장을 크게 보고 사업을 검토해야 한다. 실제 성인브랜드에서 가장 작은 사이즈가 66인데 최근의 주부들은 몸매관리를 잘해 55 또는 44사이즈가 필요하다. 따라서 이들은 캐주얼브랜드의 의류를 구입한다. 이미 목표고객은 이동을 하고 있는 것이다. 즉, 한정된 소득범위 내에서 어떻게 하면 확실하게 마인드쉐어의 우위를 점할 수 있을지를 고민해야 한다.

그러면 고속버스의 경쟁자는 누구인가? 타 회사 고속버스, 기차, 비행기 등이라고 해야 할 것이다. 이들은 서로 다른 차별적 요소가 있기 때문에 아직도 고속버스는 나름대로 사업을 영위할 수 있다. 그러면 고속버스의 경쟁자를 기차와 비행기로만 볼 것인가?

고속버스 이용자를 고향을 찾아가는 경우로 한정하면 경쟁자는 많지 않다. 그러나 평상시 이용자의 대부분은 업무관계자이다. 그래서 기차, 비행기 등과 속도, 안락함, 이용비용 등이 달라서 고객이 구분될 수 있었고 일반 국민들의 이용도가 높았다.

그러다 전화, 팩스를 넘어 배달회사가 생겨 고객이 감소하고 있는 추세였다. 최근에는 인터넷과 이메일 이용도가 높아 고객감소요인이 더욱 증가하고 있다. 예를 들어 도면 같은 것은 직접 가지고 가고, 그 다음에는 배달로 보냈는데, 이 모두 서로 여러 가지 설명과 이해가 높아져야 서로의 문제를 해결할 수 있었다. 그러나 요즘은 이메일과 화상대화로 간단히 설명을 하고 쉽게 업무를 마칠 수 있다. 이제는 고속버스 이용자와 이용횟수가 많이 감소했다. 즉, 고속버스회사의 입장에서는 이메일도 경쟁자가 되었으며 갈수록 경쟁이 격화되고 있는 것이다.

그러면 고속버스는 채산성이 맞지 않아 사업이 어려운 경우가 발생한다. 어떻게 해야 할까? 이때 검토되는 것이 사업의 정의다. 이제 고속버스는 운송사업이 아니다. 경쟁력을 갖추기 위해서는 ① 빨리

가야 한다(속도사업), ② 정시에 출발하고 정시에 도착해야 한다(시간사업), ③ 편안한 여행이 되어야 한다(편의사업) 등이 필요하다면, 고속버스회사의 제반 자원과 비교우위를 검토하여 새로운 사업방법을 결정해야 한다.

예) 고속버스의 경쟁사 → 과거: 타 회사의 고속버스, 기차, 비행기, 승용차
최근: 전화, 팩스, 배달
요즘: 이메일(인터넷)

또 빵의 예를 보자. 빵은 언제 먹는가? 간식으로 먹는다면 간식거리에 해당하는 식품, 즉 라면, 떡과 떡볶이, 과자류, 도넛, 조각케이크 등등이 경쟁자가 될 것이다. 아침 대용식으로 먹는다면 밥, 켈로그, 떡, 기타 먹을거리 등이 경쟁자가 되는 것이니 선택에 따라 경쟁방법과 시행전략이 달라질 수 있다.

마인드쉐어 중심의 경쟁자

스포츠를 즐기는 고객에게 스포츠 용품, 스포츠 센터, 스포츠 관람 등은 모두 비슷한 라이프스타일을 제공하는 제품/서비스이다. 따라서 전체를 경쟁자가 아닌 하나의 제품으로 생각하므로 이 중 가장 필요한 제품으로 인식되어야 가장 우선 구매제품/서비스가 될 수 있다.

고객은 한정된 소득에서 구매를 하는 것이니 해당제품, 사업이 어떻게 하면 고객 마인드쉐어를 점할 수 있을지를 고민해야 한다.

제품/서비스가 제공되는 장소를 중심으로 한 경쟁자

장소경쟁자란, 예를 들어 간식을 위해 베이커리점포를 찾았는데 먹을 공간이 없다면 해당고객은 편의점에 가서 빵을 구매하여 먹든지 그 외 컵라면이나 초콜릿, 삼각김밥 등을 먹을 수 있어 제품/서비스가 아닌 장소라는 요소가 경쟁요인으로 등장하는 것이다. 이때 편의점은 경쟁자가 되는 것이다. 특히 장소는 최근에 경쟁요인으로 두각을 나타내고 있다. 그래서 백화점(좀더 쾌적한 쇼핑을 위해), 전문점

(보다 많은 제품지식과 다양한 제품을 확인하기 위해) 그리고 여러 가지 먹을거리를 품위 있게 먹거나 옷을 구매하기 위한 것 등등 많은 경쟁 요소 중 장소가 중요한 요인으로 나타나고 있는 것이다. 장소경쟁은 앞으로도 많이 다양화되고 또 진화할 것이다.

제품/서비스의 제조, 판매, 서비스 방법 등 가치사슬의 경쟁자

제조는 아웃소싱을 하고 디자인과 마케팅을 중심으로 하는 전문 회사가 새로운 바람을 일으키고 있다. 배달을 우선으로 내세워 주부들에게 인기가 있다. 홈쇼핑에서 판매를 하니 매출증대와 동시에 고객선호도도 확인된다. 기존 대리점을 지역 마케팅 거점으로 전환시킨 것이 효과적이다.

이상은 다양한 가치사슬의 변화와 효과에 대해 각종 매체를 통해 듣고 있는 정보들이다.

일반서점과 온라인서점, 백화점과 할인점 또는 백화점과 전문점, 푸마와 나이키신발, HP와 델컴퓨터 등은 가치창출방법을 달리한 회사들의 경쟁을 잘 보여준다.

회사의 경쟁자는 누구인가? 새롭게 나타나는 경쟁요인과 가치이동 상태는 어떤가? 경쟁자에 대한 정확한 확인을 통해서만 올바른 시장전략을 수립할 수 있다. 따라서 경쟁회사 분석은 기업의 생존에 필수적인 검토사항이다. 즉, 광의의 경쟁자 규명은 사업정의를 파악할 수 있는 가장 중요한 요소 중의 하나이다.

경쟁 포인트의 기본은 앞으로 우리 고객을 더 빼앗아 갈 수 있는 경쟁자에 대한 우선적인 규명이다. 아니면 아예 경쟁이 거의 없는 새로운 시장에 들어가는 방법을 찾아야 한다. 경쟁의 범위와 구조를 찾는 방법은 쉽게 이해가 되도록 고객의 구매행동요인을 구분하여 정리할 필요가 있다.

이때는 경쟁업체에 관한 시장위치를 도식화하여 관리를 하는 것이 효과적인데 그리 어려운 일은 아니다. 따라서 좀더 자세히 구체적으로 도식을 하면 쉽게 찾을 수 있고 좋은 아이디어를 제공할 것이다. (경쟁포지셔닝(예) 참조)

경쟁포지셔닝 검토 – 경쟁자를 재확인하고 특성을 파악하자

- 제품/서비스 중심 경쟁자
  - 1차 경쟁자: 같은 제품/서비스 경쟁자(예):
  - 2차 경쟁자: 같은 업종의 제품/서비스 경쟁자(예):
  - 3차 경쟁자: 이 업종의 제품/서비스 경쟁자(예):
- 체험 중심 경쟁자
  - 라이프스타일
  - 장소
  - 가치사슬
  - 서비스 방법 등
  - 제품/서비스 기능특성

제품/서비스 기능특성

제품/서비스 속성

점검사항

- 회사의 실제 경쟁자는 누구인가? 어떻게 달라지는가?
- 경쟁자별로 특별한 전략과 활동은 어떤 것이 있나?
- 해당회사 사업에 어떤 영향을 미칠 수 있고 미치는 비중은 얼마나 될까?
- 현재 이러한 상황에 대처하는 회사의 대응도는 어느 정도인가?
- 특히 새롭게 제시되는 전략과 내용이 있으면 세밀한 검토가 필요하다.

CHAPTER 05

사업기회요인 파악방법

핵심역량을 갖추는 방법으로는 고객욕구 확인과 관리방법이 일반적이지만 경쟁사나 유사회사의 방법을 답습하면서 새로운 방법을 찾는 것도 지름길이다. 이때 고객의 선호가치, 경쟁우위 가치사슬, 경쟁사 또는 유사사업의 장점 그리고 다른 사업의 매력도 등을 파악하여 자사에 적합한 경쟁우위방법을 구축해야 한다. 이러한 기회요인들은 쉽게 오는 것이 아니고 시장의 흐름, 고객의 변화를 지속적으로 확인하고 있어야 가능하다. 이제부터라도 시장상황보고서를 의사결정자 책상 위에 매일 비치해놓아야 한다.

기회요인 파악을 위해 가장 쉽게 확인할 수 있는 방법으로는 해당기업의 가치사슬 변화와 가치이동 도표를 만들어보는 것이 있다. 최근 고객은 제품/서비스의 소유보다 획득가치를 더욱 중요시하므로 우선 가치의 이동상황을 확인하고, 자사사업의 경쟁우위 가능성을 검토하여 파악하면 된다.

1. 핵심가치의 이동상황을 확인한다

(1) 산업전체시장의 핵심가치 이동사항 파악과 도입

업종이나 사업방법과 관계없이 최근에 가장 빨리 가치(매출, 고객인지도, 사용만족도 등)증대나 가치사슬을 변화시킨 회사의 변화사항을 확인해보자. 철강회사, 조선회사에서 식품회사, 패션회사, 베이커리회사 등등 가능한 사업분야를 전체적으로 검토하여 가치를 증대시키는 요인을 확인한다(가까운 관련사업, 중간거리의 관련사업, 먼 거리의 관련사업 등을 가능한 한 전부 검토).

산업전체 핵심가치이동(예)

- 복합기능제품과 단순기능제품, 온라인 활용
- 무점포, 전문제품 취급점
- 디자인, 색상, 웰빙, 메스티지
- 고가 또는 저가시장, 수익성

• 편리성, 신속성

• 권위, 자긍심 등등

위의 사항들을 회사사업과의 연관성을 중심으로 검토하여 실제 도입여부(가치내용을 그대로 인용, 가치를 변화시켜서 인용)를 검토한다.

철강회사는 기술이 중요하고 부가가치가 높은 철강제품이 많이 팔리며, 조선회사는 기술의 정밀성과 부가가치가 높은 선박을 많이 수주하고 있다. 먹을거리는 웰빙의 개념이 많이 이용되고 있으며 패션회사는 색다른 멋과 개성을 살릴 수 있는 옷이 많이 팔리고 있다. 그리고 빵이나 케이크인 경우 맛이 좋은 것은 당연하고 보기에도 좋아야 인기가 있다. 그러면 회사의 사업에는 무엇이 필요한가?

(2) 경쟁자의 핵심가치 변화사항 파악과 도입

해당사업의 경쟁자는 누구인가? 우선 경쟁자의 개념정립이 중요하며 이에 따라 검토범위가 달라진다.

경쟁자의 정확한 정립은 무엇을 기준으로 할 것인가로 나누어볼 수 있다. 실제 고객이 느끼는 감정을 통해 얻을 수 있는 것이 경쟁요소가 되는 경우(체험 경쟁자), 제공되는 가치가 장소를 중심으로 비교우위가 형성되는 경우(장소 경쟁자), 실제 제공되는 방법을 중심으로 경쟁요소가 되는 경우(가치사슬 경쟁자)로 구분할 수 있다.

검토

우리는 경쟁자에게 우리 가치를 얼마나 빨리 빼앗기고 있는가?

여러 가지 가치사슬과 가치요소의 변화는 시장에서 경쟁구도와 적게는 우리 회사의 경쟁력을 얼마나 약화시키고 있는가?

이의 변화상황을 확인해보자.

2. 핵심가치 변화의 기본 검토사항

(1) 고객구매에 영향을 미치는 변화 확인

- 주 구매결정자와 이들의 변화된 욕구는 무엇인가?
- 현재 욕구를 만족시키고 있는가, 아니면 차이는 무엇인가?
- 실제 구매영향요소는 무엇인가?
- 구매기준에서 변한 것은 무엇인가?

고객기준, 변동사항 등의 변화내용을 추측하지 말고 정확한 내용을 기재하자. 특히 변화에 대한 현장 확인은 필수적임을 다시 확인하자. 직책이 높을수록 실제 현장에 나가서 확인해야 한다. 그냥 보고를 듣고 결정하는 것은 추측일 뿐이다.

고객의 변화

고객의 재확인	과거	현재	앞으로
1) 주요고객			
2) 구매영향자			

➔ 고객의 변화

* 고객의 변화사항은 무엇인가?

제품/서비스의 변화사항

고객의 구매요인	과거	현재	앞으로
1) 제품/서비스 품질			
2) 제품/서비스 기능			
3) 제품/서비스 부가혜택			

➔ 제품/서비스의 변화사항

* 제품/서비스 중에서 실제 요구사항이 변한 것은 무엇인가?

제품서비스의 가치변화	과거	현재	앞으로
1) 변화된 구매기준			
2) 제품/서비스 내용			
- 용도			
- 효용			
- 가치			
- 기타			

제품/서비스 중에서 추가로 변할 것은 무엇인가?

→ 우선적으로 개선해야 할 내용은?

----

(2) 경쟁의 변화사항 파악

다음은 경쟁상황인데 일반경쟁자와 특수경쟁자, 잠재경쟁자를 구분하여 분석하는 것이 실제 의사결정에 도움이 된다. 베이커리사업의 일반경쟁자는 베이커리만을 집중적으로 판매하는 기업을 말하며, 특수경쟁자는 다른 차별적인 제품/서비스로 시장을 공략하는 경쟁자를 말한다(예: 도넛 · 샌드위치전문점). 잠재경쟁자는 같은 제품/서비스를 제공하면서 현재 시장에 진입한 지 얼마 되지 않은 경쟁자인데 새로운 사업방법을 적용하고 있는 기업(베이커리 카페 등)도 있다. 이러한 경쟁요인들이 어떻게 변화되었는지 확인해보자.

경쟁상황 검토	과거	현재	앞으로
1) 경쟁상태 -일반경쟁자 -잠재경쟁자 -특수경쟁자			
2) 경쟁지수 -일반경쟁자 -잠재경쟁자 -특수경쟁자			
3) 최근 경쟁자 특징 -일반경쟁자 -잠재경쟁자 -특수경쟁자			
4) 새로운 경쟁내용 -일반경쟁자 -잠재경쟁자 -특수경쟁자			

- 일반경쟁자: 현재 같은 업종에서 동일제품/서비스 사업을 하고 있는 회사(골프의류회사)
- 잠재경쟁자: 같은 업종이지만 다른 제품/서비스 사업을 하고 있는 회사(캐주얼의류회사)
- 특수경쟁자: 같은 패션업을 영위하는 회사(정장의류, 내의, 신발,

핸드백회사 등) 또는 전혀 다른 업종이면서 사업방법 이나 목표고객이 비슷한 회사도 포함할 수 있다(화장품회사, 식품회사 등)

→ 경쟁자들의 특징에서 도입이 필요한 것은?

----

(3) 실제 검토사항과 제공할 가치 변화 확인

여기서는 최근의 주요 필요가치를 기재한 것이다. 해당사항이 없다고 하여 제외되는 것은 아니며, 각 회사의 실정에 맞도록 실제 제공가치를 결정하면 된다. 현재까지의 변화사항, 앞으로의 변화내용을 정확히 파악하여 확실한 가치를 고객에게 제공하자.

고객가치의 변화를 정확히 확인하자

회사가 지금까지 제공한 고객에 대한 혜택은 어떤 것이었는가?

어떤 가치가 고객이 가장 좋아하는 요인인가? 경쟁사보다 부족한 것, 아예 없는 것, 자사만 보유한 것은 무엇인가? 아래 내용은 참고사항이며 각 회사에 적합하도록 수정, 활용하면 된다. 특히 최근에는 품질의 차가 별로 없기 때문에 H/W적 가치에서는 크기, 디자인, 용도 등이 S/W적 가치에서는 편리성, 차별성, 첨단성, 쾌적성, 권위성 등이 고객들이 많이 찾는 가치내용이다.

:: 가치 트렌드 확인

앞으로 고객의 필요가치는 무엇인가?

필요가치(예)	과거	현재	앞으로
감성			
가족과 같이			
여가활용			
WELL - BEING			
YOUNG MIND			
MASTIGE			
시간활용			
편리성			
가격변화			
비교			
기타			

:: 주요가치 점검표(예)

실제 제품/서비스가 제공하는 가치와 경쟁사의 특징을 확인하고 이를 중심으로 구매요인을 확인해보자.

매우 크다/많다(7), 대체로 크다/많다(6), 조금 크다/많다(5), 보통이다(4), 조금 작다/적다(3), 대체로 작다/적다(2), 매우 작다/적다(1)

	현재의 혜택	경쟁사 혜택	고객구매요인(Wants)
H/W적 가치			
품질			
크기			
휴대성			
무게			
기능			
모양			
디자인			
다용도			
이동성			
견고성			
S/W적 가치			
혜택			
권위			
감동			
차별화			
느낌			
편의			
기쁨			
설렘			
쾌적			
견고성			
경험			
절약			
편리			
신속			
효용			
기술성			
첨단			
차별성			
동등			
동화			
A/S			
기타			

현재의 혜택과 고객의 욕구를 아래의 척도로 적어보고 차이점을 분석해본 후 실제 해결점을 확인해보자. 부족한 사항, 불만족한 사항 등이 많이 나타날 것이다. 이는 경쟁사도 같은 현상을 나타낸다. 경쟁사도 그러니 우리도 비슷한 경영을 하자는 생각은 해당 경영자가 있을 때까지는 존재할 수 있다. 그러면 회사는 계속 발전해야 하는데 이후의 사업은 어떻게 될까? 좀더 멀리 내다보는 경영이 필요한데 그것은 공정하고 정확히 예측한 사업방향일 것이다. 즉, 전 종업원이 공감하는 사업의 (재)정의를 구축해야 한다.

체크리스트

- 시장의 변화흐름에 우선적으로 적응해야 할 사항
- 고객이 감성적으로 필요로 하는 요소

→ 두 결과로 확인된 사항에 대한 자기 회사의 의견

가치사슬의 변화 확인

가치사슬에 대한 검토는 일상적인 것이지만 꼭 확인할 사항이다. 그리고 점검내용의 결과가 경쟁사 또는 시장에서 열위에 있더라도 기업과 시장상황, 제품/서비스에 따라 차이는 있겠지만 지금부터 개선의 노력을 한다면 경영실적을 높일 수 있는 기회를 가질 수 있다.

		경쟁업체	유사업체	신참업체	해당회사와 차이
시장동향	고객수				
	현 고객에 추가판매 내용				
	신규고객 확인				
	미사용고객 침투				
유통	배달실시				
	사이버마켓 진출				
	홈쇼핑 활용				
	전문유통 활용				
사업방식	기존사업 보완				
	새로운 욕구파악				
	대체사업 개발				
	신사업 검토				
제품	기존제품 보완				
	대체제품 확인				
	보완제품 검토				
	신제품 파악				
	지원서비스 확대				
생산	생산력				
	생산원가				
	품질수준				
	생산방법				
	운영시스템				
자금운영	자본집약도				
	운영자금 규모				
	투자자금의 효과성				
	투자수익률				
	자금회전율				
R&D기능	신제품개발				
	자금 규모				

		경쟁업체	유사업체	신참업체	해당회사와 차이
마케팅	정보수집 종류 및				
	활용				
	시장정보 취급수준				
	광고, 홍보기능				
	판촉기능				
	유통체계				
의사결정과 실천능력	생산 중심				
	관리 중심				
	시장 중심				
	의사소통과 협동력				
	목표달성능력				

원가구조

위의 내용은 가치사슬의 주요내용을 적어놓은 것이다. 회사에 따라 내용이 달라지겠지만 응용의 활용성을 높였으면 한다. 이 가치사슬들 중에서 자사에 적합한 가치사슬을 파악하고 필요사항을 도입할 때 잊지 말아야 할 것이 있다.

- 원가를 절감할 수 있는가?
- 더욱 좋은 품질을 달성할 수 있나?
- 고객에게 필요한 가치를 더욱 많이 제공할 수 있나?
- 더욱 많은 수익을 얻을 수 있는가?
- 회사업무의 시너지효과(Synergy Effect)를 높일 수 있나?

이상의 내용을 면밀히 검토할 필요가 있다.

3. 핵심가치 변화에 따른 사업(재)정의 검토

가치의 변화는 다양하게 파악할 수 있다. 이 또한 어떻게 생각하느냐에 따라 달라질 수 있다. 그러나 실제 자사에 적합한 가치는 그리 많지 않다.

과거의 고객관심이 제품 본래의 특징/편익에 집중되어 있었다면, 향후 고객가치는 경험 중심으로 변화될 것이다. 고객의 효용가치가 크게 변화하면서 새로운 가치를 찾아 이동하는 현상은 앞으로도 계속될 것이다. 기업 입장에서 기존사고에서 벗어나 새로운 고객가치를 찾는 것이 생존을 위한 필수요소가 되고 있다.

과거의 사업정의가 제품 중심이었다면 이제부터의 사업정의는 고객가치 중심이다. 고객가치를 찾아 이를 중심으로 사업을 (재)정의함으로써 자사만의 차별적 능력을 갖추는 것이다.

앞서 사업(재)정의 유형에서 시장 중심, 핵심역량 중심, 제공방법 중심 등 세 가지로 제시하였다. 이를 중심으로 가치변화 유형을 살펴보자.

	아이리버 MP3	크리스피도넛	스타벅스
가치변화유형	새로운 제품과 서비스 제공	완전히 차별화된 제품 제공	커피문화를 새로 창조한 커피전문점
주요방향	사업방법의 변화	제품의 변화	새로운 사업방법
사업정의	제조업이 아니라 디자인회사	도넛사업보다 맛 창출 회사	커피숍이 아닌 새로운 경험을 제공하는 회사

➔ 시장 중심의 가치변화

	군인공제회	CGV	아메리카 항공
가치변화유형	공제조합에서 투자회사로	같은 목적의 제품/서비스 종류 제공	저렴한 가격과 최소의 서비스 제공
주요방향	새로운 사업방법 선택	새로운 사업방법 창출	사업방법의 변화
사업정의	회원공제회에서 투자회사로 변신	영화관이 아니라 엔터테인먼트를 제공하는 회사	고객환대사업에서 저가맞춤사업으로 전환

➔ 핵심역량 중심의 가치변화

	델컴퓨터	미샤, 더페이스샵
가치변화유형	맞춤제품, 저렴한 가격, 빠른 배송의 경쟁력 보유	저렴한 제품과 높은 서비스 제공
주요방향	새로운 사업방법 창출	사업방법의 변화
사업정의	컴퓨터회사가 아닌 온라인 맞춤제공사업	화장품사업→신가치 제공사업

➔ 제공방법 중심의 가치변화

지금도 경쟁을 벗어나 해당회사만의 비교우위를 구축하려고 노력을 하고 있다.

(1) 고객가치를 중심으로 한 검토

고객가치란 현재 시장에서 고객의 실제구매요인이 무엇인지, 또 구매를 자극하는 요소는 무엇인지를 확인하는 것이다. 이 조사는 좀더 구체적이고 논리적으로 깊이 있는 점검이 되어야 명쾌한 해답을 찾을 수 있다.

기업마다 사업내용과 경영상황이 달라서 적용이 안 되거나 부족한 사항도 있겠지만, 그렇다고 지나쳐 버려서는 안 된다. 우리 회사에는 맞지 않는다고 단정하여 누락시키지 말고 해당회사에 적합하도록 응용·변경하여 활용하는 것이 좋다. 주 경쟁 및 유사업체의 사업모델들을 확인한 다음에는 이들의 규모, 경쟁력, 주요강점 등을 파악하는 것이 우선적으로 할 일이다.

가치 중심의 경쟁력 파악

가치의 변화를 파악할 수 있는 방법은 다양하다. 이 또한 어떻게 생각하느냐에 따라 달라질 수도 있다.

검토방법은 현재 시장에서 고객이 원하는 가치들을 확인하여 가로축에 기재한다. 예를 들면 저렴한 제품을 찾는다, 가격보다 제품의 특징이 좋아야 한다, 사용하기 편리한 것인가, 나만의 멋을 가질 수 있는가, 또는 서비스가 좋은가 등 경쟁제품/서비스에 대한 고객의 주 구매요인을 기재하여 이 요소들의 경쟁력을 확인하는 것이다. 그리고 세로축에는 경쟁척도를 표시하면 된다.

이와 같이 가로·세로축에 기재하고 기존경쟁사, 신규경쟁사의 특징 또는 새로운 욕구를 해당되는 곳에 표시하면 해당회사와 차이점이 나타날 것이다. 이 차이점을 극복하여 시장에서 우위를 점해야 한다. 어떻게 하면 될까? 우선 새로운 가치경쟁을 위한 준비를 기업

내 · 외적으로 갖추어야 한다. 사업방향의 재검토를 통해서, 사업방향이 준비가 안 된 상태에서 시행을 하면 예산, 시간소비, 종업원의 의욕 등에 상당한 영향을 미치고 시장 내의 점유상태도 예측하기가 어렵게 된다.

이제 무엇을 먼저 해야 하는지 알 수 있을 것이다.

예) 현재 시장에서 나타나는 구매성향을 확인해보면 일반적으로 예전보다 편리한 것을 선호한다. 좀 비싸더라도 좋은 품질의 제품을 찾는다, 나만의 특징을 잘 나타낼 수 있는 것을 구매한다 등 최근에 회사의 제품/서비스의 구매성향은 어떻게 변하고 있는가? 해당 구매성향에 적합하게 제공을 하는 요소는 무엇인가?

회사의 제품/서비스 중 현재 시장에서 가장 경쟁력을 갖춘 요소는 무엇인가? 그것은 품질이며 특히 보다 좋은 제품/서비스를 필요로 하는 고객들에게 만족도가 높다. 또 해당회사의 제품/서비스를 사용하면서 권위를 느끼고 있다.

그런데 최근에 작지만 경쟁자가 나타났다. 이들은 품질보다는 제품/서비스 사용에 대한 느낌, 제품이 가지고 있는 이미지, 포장 등을 강조하고 있는데 젊은 세대를 중심으로 시장을 확대하고 있는 추세이다. 그리고 기존경쟁자 중에서 새로운 전략은 품질보다는 가격을, 저렴하지만 자기만의 독특한 멋을 갖출 수 있다고 강조하고 있는데 아직은 미약하지만 여러 계층에서 고르게 인기를 얻고 있는 중이다.

해당시장의 가치는 어디로 이동하고 있는가? 어떤 가치가 앞으로 고객에게 인기를 얻을 수 있는가? 요즘 변화를 보면 품질 · 가격보다는 감성, 편리성, 자기만의 개성 등이 강조되고 있는 것이 사실이다.

가치경쟁의 검토

- 가격 - 보다 가격이 저렴 또는 높은 것
- 구매편리성 - 어디서든 쉽게 구매를 해주거나 쉽게 받을 수 있는 시스템
- 사용편의성 - 편안하게, 편리하게 해주고 사용을 좀더 원활히 할 수 있는 것
- 효용성 - 같은 가격 또는 더 비싸도 보다 좋은 것, 편안한 것, 즐거운 것에 대한 선호
- 나만의 멋 - 자기만의 특징을 잘 나타낼 수 있는 것, 자기에게 좋은 것
- 격상된 느낌 - 사용을 통해 자신의 자존심 또는 기분이 나아지는 것 선호
- 보다 좋은 품질 - 몸에 좋은 것, 보다 맛있고 멋있는 것을 우선 선택

가치경쟁 도표 작성방법

가치변화에서 나타나는 기본 검토방향은 고객만족요소를 파악하여 적용하는 것이다.

고객의 만족요소란 최근에 인기 있는 가격요소, 제품/서비스 이미지(특히 감성요소), 구매의 편리성, 사용의 적합성, 가능한 빨리 등에 대한 것들이다. 이를 비교검토하면 현재의 상태, 가치의 이동, 필요한 가치 등이 확인된다.

이 확인된 가치요소를 회사의 핵심역량과 비교하여 부족하거나 미치지 못하는 것은 빠른 보완이 필요한데 이때 해당방향을 제시하는 것이 사업의 재정의다.

예를 들어 편의를 지향하면서 가격이 저렴한 사업이 필요하다면 현재의 시장과 경쟁상황, 경쟁사 특징 등을 확인하여 이들에 관한 제품/서비스를 새로이 제공하는 것이다. 또 시장욕구가 개성을 강조하면서 구매편의성을 높일 수 있는 제품/서비스를 필요로 하고 있는데 회사의 제품/서비스가 개성을 강조하고 있다면 보다 더 구매편의를 제공하기 위한 노력을 해야 한다. 구매편의가 구매기회를 더욱 많이 제공하는 것이라면 좀더 다양한 유통점에 출시하는 것을 검토해보아야 하는 것이다.

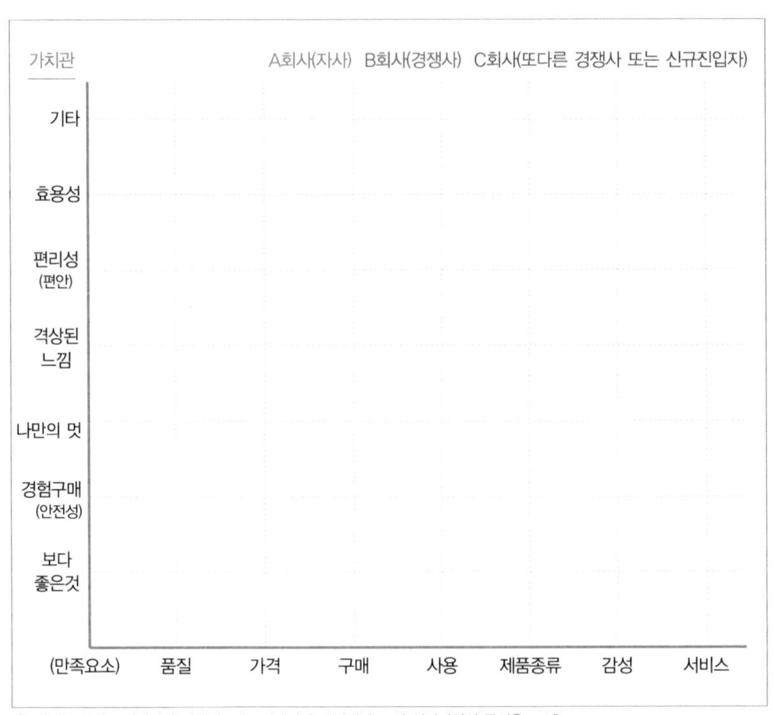

➔ 가치를 중심으로(자사와 경쟁사 또는 경쟁사가 아니더라도 신 성장기업의 특징을 표시)

가치관

- 보다 좋은 것-몸에 좋은 것, 보다 맛있고 멋있는 것을 우선 선택
- 경험구매-실제 느껴보거나 확인해보고 구매하는 것
- 나만의 멋-자기만의 특징을 나타낼 수 있는 것, 자기에게 좋은 것
- 격상된 느낌-사용을 통해 자신의 자존심 또는 기분이 나아지는 것의 선호
- 편리한 것-편안하게, 편리하게 해줄 수 있는 것을 선택
- 효용성-같은 가격 또는 더 비싸도 보다 좋은 것, 편안한 것, 즐거

운 것에 대한 선호

만족요소

- 품질수준 - 제품이 주는 기본적인 제품요건
- 가격수준 - 저렴, 프리미엄, 고가
- 구매편의 - 장소, 시간, 방법, 결재기능
- 사용편리 - 기능, 방법, 이동성
- 제품다양성 - 제품종류
- 감성느낌 - 색상, 크기, 디자인
- 서비스수준 - 점 내 환경, 점원서비스

(2) 가치사슬을 중심으로 한 검토

A회사는 품질이 좋고 좋은 점포에 진열능력도 우수하여 사업이 잘되고 있었다. 그런데 경쟁사 하나(B)가 품질은 같은데 공법을 달리하여 좀더 좋은 품질로 알려지고 있다. 그리고 공법에 대한 논의도 종종 거론하고 있다. 또한 제품에 대한 품질보증을 서비스하고 있으며 가격도 약 10% 정도 비싸게 시장에서 형성하고 있다.

또 하나의 회사(C)는 신규회사인데 전문가가 보기에는 품질이 약간 떨어지지만 고객에게는 큰 차이가 없다. 판매가격은 10% 정도 낮게 형성되고 있으며, 포장은 디자인이 좋고 사용하기 편리하게 만들어서 고객의 호응을 얻고 있는 상태이다.

이 경우 앞으로 A회사의 경쟁력은 어떻게 될 것이고, 만약 필요하다면 어떤 내용을 더 보완해야 할까?

구분	품질	가격	마케팅	유통	서비스	총수준	기존 경쟁력	미래 경쟁력
	(기존 경쟁요소)		(앞으로 경쟁요소)					
A	6	6	4	6	4	26	12	14
B	5	7	5	4	6	27	12	15
C	5	5	6	4	5	25	10	15

A회사: 품질이 좋고 좋은 유통점에서 판매하면 계속 성장할 것이다. (제조회사)

B회사: 새로운 공법과 좋은 서비스를 제공하면서 성장할 것이다. (서비스회사)

C회사: 품질보다 마케팅에 더 노력하여 좋은 이미지를 갖춰가고 있다. (마케팅회사)

이와 같이 같은 사업을 영위하지만 사업방법에 따라서 회사의 경영비중도가 다르게 나타난다. 해당 비중도를 중심으로 회사의 사업을 다시 정립해볼 수 있는 것이다. 즉 제조회사, 서비스회사, 마케팅회사로 구분이 되는 것이다. 이것이 같은 사업을 해도 서로 경쟁력(비교우위)을 갖추는 요인이다. 이 경우 각 회사 종업원들이 가장 신경을 많이 쓰는 부분은 어디일까? 제조업체는 언제나 품질개선에 노력을 할 것이고, 서비스회사는 고객이 좀더 해당제품의 사용만족도를 증대시키는 방법을 계속 찾을 것이다. 마지막으로 C회사의 종업원들은 보다 다른 맛, 예쁜 포장, 휴대가 편한 방법을 모색할 것이다.

위 3가지 상황에서 앞으로 어떤 회사의 성장속도가 더 크고 1위 회사로 등극할 가능성이 있는가? 만약 A회사가 가장 성장성이 낮아진다면 그 이유는 무엇인가? C회사가 1위 회사가 된다면 그 이유는 무엇인가? B회사가 1위가 되려면 어떻게 해야 하는가?

일단 가치사슬에서는 A회사보다는 B · C회사가 앞으로 상황에 비추어 더 발전이 있을 것으로 생각되며, 마케팅 중심의 B회사가 C회사보다 앞서 갈 기회를 많이 가질 수 있다.

이 가정 하에서 A회사는 기존습관이나 사고방식을 버리고 빨리 마케팅회사로 변신을 해야 한다.

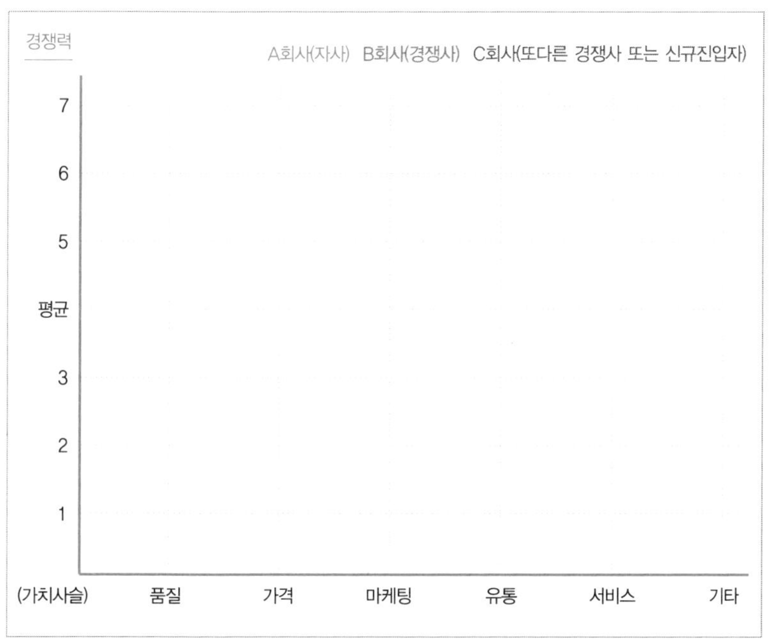

➔ 가치사슬을 중심으로

가치사슬

- 품질 - 제품의 질, 기능
- 가격 - 생산원가, 생산성, 고정비 비율
- 마케팅 - 영업방법, 영업사원 수(1인당 매출액/이익액), 광고, 판촉
- 유통 - 유통점수, 판매능력, 우량유통점 보유수
- 서비스 - 구매 전 서비스, 점포 내 서비스, 판매 후 서비스, A/S, 서비스 인원

이와 같이 기본방향이 결정되면 이를 실제 전략적으로 활용을 해야 하는데 기회요인에서 세분적인 실천방법을 연구해보자.

기존가치사슬과 변형된 가치사슬에서 이들의 구조를 정확히 확인하고 변화사항을 잘 활용하면 더욱 발전된 기업이 될 수 있다.

여기서 검토할 사항은 가치사슬의 세분화 정도와 새로운 가치사슬을 확인하고, 이들의 시장점유 속도를 파악해보는 것이다. 가치사슬의 변화는 예전보다 다양하고 복잡하다. 해당회사가 실제 이용을 하지 않더라도 변화된 가치사슬은 전부 꼼꼼히 검토할 필요가 있다.

그런데 대부분의 회사들은 해당회사와 관련이 있는 것만 확인하는 경우가 많아 실제 변화사항에 대해서는 파악이 안 되는 경우가 있기 때문에 시장을 새롭게 볼 수 있도록 좀더 시야를 확대해야 한다.

예를 들면 '슈퍼마켓에서 파는데 무슨 배달이 필요한가?', '인터넷시장도 개설을 해야 하는가?' 등이다.

그 다음 가치사슬별로 경쟁력, 시장의 선호도 등에 따라 중요도, 비중도를 점검하여 해당표에 기재를 하면 해당회사의 가치사슬별 경쟁력, 시장우위 정도를 확인할 수 있다. 이때 기존의 경쟁자, 신규경쟁자를 구분하여 같이 검토를 해야 하며 이의 결과를 중심으로 사업의 변화방향을 점검할 수 있다.

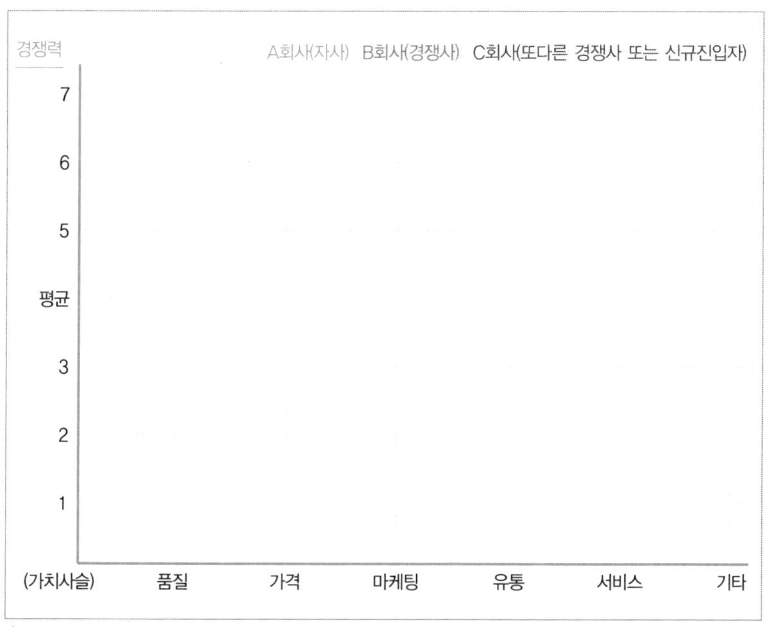

가치사슬의 변화

(3) 가치사슬과 가치변화를 통한 사업(재)정의 수립(예)

앞서 언급한 바대로 현 가치사슬의 변화를 중심으로 검토하면 A

회사보다는 B · C회사가 앞으로 상황에 비추어 더 발전이 있을 것으로 생각되며, 마케팅 중심의 B회사가 C회사보다 앞서 갈 기회를 많이 가질 수 있다.

그리고 구매가치 면에서는 최근에 만족의 비중이 품질 → 가격 → 편리, 감성 등으로 이전이 되고 있다면 자사의 사업이나 제품/서비스는 현재 어떤 요소에 강점이 있는가? 변화요인은 있는가? 가격에서 경쟁이 치열하다면 다른 만족요인을 첨부하거나 전혀 다른 만족요인은 필요하지 않은가?

현재 회사의 핵심역량을 중심으로 회사의 사업정의를 확인해보면 제품에 대한 품질은 큰 차이가 없지만 A회사는 경쟁사보다 한발 앞선 품질을 제공하여 보다 좋은 제품을 사용하고 있으며 제품사용의 격을 느끼게 하고 있다. (제조회사)

B회사는 새로운 공법의 품질로 A회사를 공략하면서 제품의 고급화를 고객에게 인지시켜 가격도 높게 형성시키고 있으며 계속 보다 좋은 품질을 강조할 것이다. (연구개발회사)

C회사는 커다란 품질혁신이 어렵다고 생각하고 고객의 구매 시 만족도를 높여준다는 전략 하에 포장의 모양, 색상, 이미지 등을 차별화하여 제공하고 있다. (마케팅회사)

다른 가정은 전부 같다고 하고 시장여건의 변화를 중심으로 검토를 하면 어느 회사의 사업방법이 경쟁력이 있겠는가?

위 3가지 사업정의 중 선택한 정의에 따라 회사별 경영방침이 달라지며 서로 경쟁력을 강화할 것이다. 그러나 사업의 정의는 앞으로 5~10년을 생각하면서 결정하는 것이고, 보다 지속적이고 인기가 있으며 수익성이 있어야 한다. 이러한 사항은 지금의 결정에 따라 달라진다. 그리고 결정된 사업정의를 얼마나 잘 관리하느냐에 따라 달라진다.

지금 결정을 해보자. 어떤 회사를 경영할 것인지.

part 03

사업재정의를 만드는 방법

지금까지 사업(재)정의 정립을 위해 필요한 방법과 내용을 검토했다. 사업의 정의는 여러 시장 중심 전략 중에서도 시장을 더욱 구체적으로 확인하고 또 좀더 논리적으로 실행하기 위한 방법을 제시하고 있다.

여기서는 실제 사업의 정의를 정립하는 방법을 면밀히 연구하여 회사의 시장을 보는 눈과 사업을 관리하는 능력을 확실히 갖출 수 있도록 했다.

고객의 욕구변화와 경쟁사로의 이동, 경쟁여건과 사업환경의 변화 등에 우리가 취한 행동은 무엇인가? 현 상태에 만족하거나 상황판단이 안 되어 피하는지도 모른다.

비용의 절감, 시장진입기회 확인 등 상투적인 말로 의사결정의 기회를 늦추거나 다른 상황으로 바꿔버린다. 그렇게 하고는 잘한 것이라고 위안을 한다. 그러나 늦은 의사결정, 다른 의사결정으로 인한 기회이익 상실분은 누가 책임을 지는가?

동일사업이라도 목표고객과 사업방법이 다르고 또 경쟁시기가 있다. 의사결정에서 중간만 하려는 사고방식을 없애는 것이 사업재정의에서 생각할 수 있는 기본사항이다.

사업의 (재)정의는 의사결정의 기준과 방향을 확실히 하자는 약속으로 현재 의사결정의 목적과 방법이 무엇인가를 알려준다. 따라서 사업(재)정의의 정립과 실천을 위해서 체질개선을 해야 할 것이 있는데 다음의 사항들에 대한 검토, 실천을 바란다.

CHAPTER 06

버려야 할 것과 꼭 가져야 할 것

이제는 실천을 통해 성과를 얻어야 하는데 그전에 할 일이 있다. 조직구성원 전체가 변신을 해야 하는 것이다. 실제 해보겠다는 의지와 끈기가 필요하다.

배운 조직과 배우지 못한 조직, 성과를 달성한 조직과 대충 지내고 있는 조직, 기존의 업무방법을 고수하는 조직과 새로운 바람을 일으키는 조직 등등 다양한 조직특성을 볼 수 있다. 변신의 마음가짐을 실제 행동으로 보여주지 않는다면 또다시 과거로 돌아가며 예전보다 더 퇴보하는 조직이 될 수 있다.

여러 가지 기업의 습관과 조직구성원의 사고방식을 변화시켜 보자. 그리고 정확히 도수가 맞는 안경을 쓰고 시장을 바라보자. 다음의 사항은 필히 확인하고 준비를 갖추어야 할 사항들이다. 사업재정의의 구축과 실천이 예정대로 되면 성과를 얻을 수 있을 것이다. 제대로 이행하자.

1. 버려야 할 것

우선 버려야 할 것 – 예전부터 해오는 방식

"지난번에도 이렇게 했는데요, 더 이상 여러 가지 생각하지 맙시다, 하던 대로 합시다, 이 방법은 우리 회사에는 맞지 않는 것입니다."라는 말이 사내에서 자주 들린다면 경험과 매너리즘의 차이를 정확히 확인하자.

버려야 할 것은 의사결정시간을 지연시키는 요인, 시장 중심보다 회사 중심의 의사결정 패턴, 전체보다 자기 중심의 의사결정 분위기, 시장정보의 부족에 대한 나태한 대처 등이다. 아래 현상들이 회사와 관계가 있다면 이를 극복하는 연구와 노력이 필요하다.

반드시 버려야 할 것

① 관리위주의 사고방식

기업경영에서 시장성장을 위한 시장 중심의 정책이 아니라 비용절감을 우선적으로 생각하는 관리 중심 전략이 더 중요하다고 생각하는 것이다.

> 제반 비용을 줄이자, 제품가격도 낮추고, 인력을 최소화하자 등등 시장정착 및 확대를 위한 필요충분조건을 수행하는 것이 아니라 비용을 효율적으로 사용할 것을 우선 제안한다.
> 시장과 고객에 대한 정확한 확인이 안 되면 나타나는 행동이다. 이런 현상은 버리자.
> 비용절감과 성과달성은 다른 이야기다. 착각하지 마라. 비용절감이 전략의 우선순위가 아니다. 이제는 성과가 더 중요하다. 성장이 우선이다.

일반적으로 사업을 시작할 때나 도약할 때, 인기사업이 성숙기에 접어들었을 때 우리는 비용에 대한 관심이 높기 때문에 과다사용은 아닌지, 정확히 사용은 하는 것인지 등 효과보다는 효율을 강조한다. 또 기업의 성장보다 이익을 우선시하는 경우도 많다. 이는 성숙기 사업에서 특히 많이 활용되는 방법인데, 적절한 경영방법으로 볼 수 있다. 그러나 이러한 방법의 강조는 기업이 시장위주의 정책보다는 관리위주의 정책을 더 중요시하도록 만드는 경우가 많다. 이러한 보수적인 경영은 단기간의 이익을 증대시키기에는 적합한 정책이나 시장의 변화와 경쟁사의 경쟁전략 등에 대한 대응력을 약화시키는 경우가 많다. 즉, Macro적 사고보다는 Micro적 사고를 하는 경우가 많아 시장상황과 경쟁에 적절한 대응력을 떨어지게 하여 시장에서의 지위가 하락하곤 한다. 또 해당 경영자가 수익을 많이 달성하여 유능한 경영자가 되고, 후임 경영자가 적절한 투자가 안 된 후유증으로 시장지위 하락의 어려움을 겪는 경우도 많다.

따라서 많은 기업들이 단순한 운영효율화에 집착하여 기업 전체의 성패를 좌우할 중요한 성장의 기회를 놓치는 실수를 반복한다. 특히 대다수 경영자는 인기사업이 기업자금의 원천이므로 안정적으로 유지되기를 바라기 때문에 해당사업을 위협하는 새로운 기술이 등장하거나 새로운 사업모델로의 전환이 요구될 때 주저하게 되는 것이다. 그래서 사업의 안정을 위해 시장의 큰 변화를 받아들이지 않는 전략은 기업경영 자체를 어렵게 할 수 있다.

이제는 고정관념에서 벗어나자. 기존의 경쟁구도를 버리고 경쟁원리 자체를 뒤집어 고객의 가치를 새롭게 창출하려는 노력을 해보자. 이를 위해 객관적인 판단도구도 준비를 하여 활용해보자. 즉, 경쟁의 핵심요소를 비용구조에만 집착하여 비용절감활동을 통해 이익만을 극대화하는 것이 아니라, 지속적으로 성장하면서 경쟁의 우위와 시장지배력을 유지하면서 이익을 극대화하는 방법을 검토해보자. 이제는 시장 중심적인 사고, 즉 고객의 관심사항의 이동을 면밀히 검토하는 적합한 대응이 필요할 때이다.

➜ 감량경영이 단기적 해결방안이라면 투자는 장기적인 기업방향이다.

② 하드웨어만이 이익의 원천이다.

아직도 '이익의 원천은 제공되는 제품/서비스' 라는 하드웨어 중심의 생각이라면 다른 사람에게 자리를 넘겨주자. 소프트웨어에서 더욱 많은 이익이 발생하고 있다.

> 제품의 모양, 성능만이 기업에 매출과 이익을 발생시키는 요소가 아니다. 디자인, 색상, 사용방법, 파는 방법, 부가기능 등 고객의 구매요인은 다양하고 까다롭다. 이에 적합한 사항들을 더 많이 제공하면 매출과 이익은 더 증가한다. 이익증대방안을 좀더 구체화하자. 하드웨어만 생각하는 것, 바꿀 때이다.

일반 소비재 제조회사들이 슈퍼마켓에서 자기 제품을 판매할 때 주로 사용하는 판매촉진방법이 가격을 할인해주거나, 덤을 더 주거나, 마일리지 등을 제공하여 판매유지나 증가를 유도하는 것이다. 그러나 이러한 판촉방법들이 한계에 도달해 제조회사나 슈퍼마켓의 이익률이 점점 더 낮은 상태로 되어가고 있는 것이 현실이다. 그러면 매번 이렇게 해야 하는가? 수익의 감소는 악순환이 되어 슈퍼마켓 운영에 어려움을 가져올 수도 있다. 가격보다는 제품품질, 사용방법, 고객에게 제공하는 효익 등을 통해 고객과 제조업체가 같이 이익을 얻는 방법은 없을까? 제품에 고객이 필요로 하는 의미를 부여하여 (가치를 높여) 고객이 필요로 하는 제품을 제공하는 것이다.

예를 들면 슈퍼마켓에서 주스의 매출을 높이기 위해 주스가 필요한 고객층을 파악해보니 몸의 피로를 느끼고 지루함을 느끼는 수험생들이 있었다. 또 부모들은 수험생들이 공부를 좀더 잘할 수 있도록 하기 위해 여러 가지 지원을 많이 하고 있었다. 그런데 슈퍼마켓에 왔더니 "수험생의 지루함을 없애주는 방법-비타민이 들어 있는 과즙 주스를 항상 옆에 놓아두세요. 그리고 잠을 쫓는 스낵도 좋아요. 맛도 있으니까, 먹을 때 소리가 피곤함을 감소시킵니다."라고 해서 주스, 스낵, 초콜릿 등을 세트화해서 판매를 하는 것이다. 수험생 부모는 매우 좋은 생각이라고 구입을 한다. 주스, 스낵, 초콜릿이 같이 잘 팔리는 것이다. 더 좋은 것은 구입 시에 구매자들이 세트화된 제품이라 제품별 개별 가격을 별반 따지지 않고 세트가격으로 그냥 구매를 한다는 것이다. 즉, 이미지에 대한 가격의 민감도가 낮아 개당 판매이익이 많은 것이다. 그 결과, 이 방법은 판매증가와 가격민감도를 동시에 해결하여 제조업체나 판매점포에서 환영을 하는 방법이 되었다. 즉, 판매유인 테마를 선정하여 고객의 관심사항에 적절히 대처하는 방법이 되는 것이다.

어느 슈퍼마켓에서 '오늘은 삼겹살 먹는 날!'로 구호를 내걸고 판매를 했다. 당연히 삼겹살은 종전보다 많이 판매되고 그 외 파, 양념, 상추 등도 덩달아 판매가 증가했다. 이제는 만들어진 제품/서비스만 판매되어 기업의 이익증대에 공헌하는 것이 아니라 그 외 여러 가지 부가적인 혜택에 의해 판매와 이익이 동시에 증가되는 것이다.

이와 같이 소비시장에서 가치가 창출되는 방식에 근본적인 변화가 일어나고 있다. 예전에는 제품/서비스를 통해 가치가 창출되었으나 오늘날에는 소비자의 구매만족으로부터 가치가 나오고 있다. 즉, 고객만족 중심으로 가치가 이동하고 있는 것이다.

이런 상황에서 기업들이 생존하려면 사업방법의 근본적인 재검토가 필요하다. 이런 새로운 현실은 고객구매만족의 극대화를 위한 환경과 여건창출 기업들에 더 좋은 기회를 제공할 것이다.

➔ 경쟁의 미래는 궁극적으로 고객과 함께 좋은 만족을 창조하는 기회라고 할 수 있다.

③ 고객욕구 파악은 잘하고 있고 활용이 되고 있다.

경영활동에서 "고객욕구 파악이 중요하다."라는 말을 많이 한다. 말과 실천에 책임을 가져야 한다. 고객욕구 파악을 제대로 하고 있으며 실천이 제대로 되고 있는지 확인하자.

고객을 만족시키려면 욕구파악은 당연히 필요한 요소이다. 그런데 욕구파악은 어떻게 하는지, 그냥 조사회사에 맡기면 되는 것인지, 또 다른 파악방법은 없는지, 그리고 나온 결과의 활용은 잘하고 있는지-활용을 하지 않을 바에는 하지 말자. 이것도 낭비다.

욕구파악을 정확하고 면밀히 확인하고 검증할 수 있는 시스템을 구축하자. 그냥 시장조사에서 나온 고객의 욕구(Needs)만 구매요인(Wants)이라고 하지 말자. 욕구파악만 가지고는 경쟁력을 갖출 수 없다. 고객이 실제 구매 시 나타나는 행동인 구매요인까지 검토해야 한다. 고객은 영리하다.

새로운 관점에서 시장을 바라보고 성장기회를 확인하자고 했다. 새로운 관점을 제대로 확인하려면 고객의 실제구매요인을 정확히 파악해야 한다. 여기서 정확히 이해할 것은, 다시 강조를 하지만, 제품을 구매하는 주체는 개별 고객이지 시장이 아니라는 것이다. 따라서 시장의 흐름파악에 중점을 두는 것보다 목표고객의 구매의사 결정요인을 정확히 파악하면 새로운 성장의 기회를 발견할 수 있다.

예를 들어 옷을 구매할 때 디자인이 좋아야 한다며 디자인을 강조하지만(일반적인 소비자의 의견) 실제 구매 시에는 가격 중심으로 구매(실제구입요인)를 한다면, 해당 욕구파악은 잘못되어 실제 마케팅 전략 수립 및 실행에서 큰 실수가 발생하는 것이다.

고객의 실제구매요인 파악(예)

:: 자동차회사의 실제구매요인 – 고객만족도 모델

같은 자동차회사라도 회사의 특징과 경영전략에 따라 회사마다 품질영역은 다르다. 한 가지 예를 중심으로 자동차가 가져야 할 기본적인 특성은 무엇이며 구입 시 영향을 미치는 요소를 확인해보았더니 품질영역은 8가지 요소가 필요했다. 이에 대한 고객의 반응을 보면 다음과 같다.

광고를 통해 인지도를 높여야 하고(82) 차량모양과 영업담당자의 업무처리 등에 많은 비중을 두어야 한다. 안전도와 A/S는 수치가 적으니(66) 관심도가 낮다고 생각하여 등한시할 것이 아니다. 이러한 요소는 기본적인 필수사항이라 당연히 지켜지고 있는 것으로 생각하고 있기 때문에 배점이 낮은 것이다. 따라서 이 요소들은 조금만 불만이 나타나게 되면 차량구입에 절대적인 영향을 주어 실제 판매감소에 직접적인 효과를 가져온다.

이와 같이 고객의 차량구입에 대한 의견을 제시하였는데, 실제 구입시에는 어떤 것이 더 중요하게 생각하는가를 나타내는 고객관심사

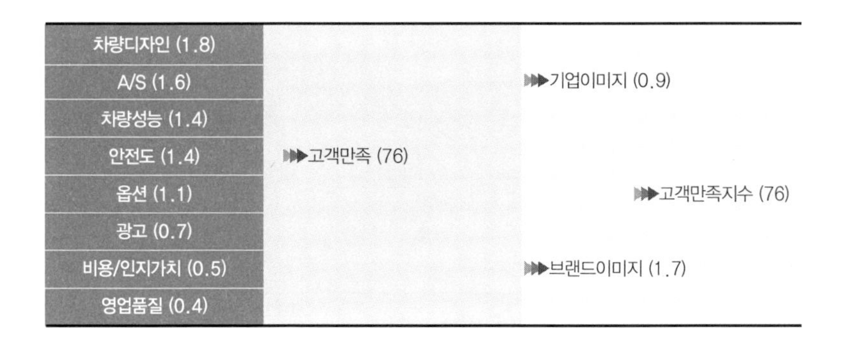

항을 확인해보자.

앞의 표에서 보듯이 차를 판매하려면 일단 모양이 좋아서 관심을 끌어야 한다는 것을 알 수 있다.

그 다음으로는 A/S가 있는데 판매만 하고 A/S에 등한시하면 차를 구입하지 않는 큰 요소로 나타난다. 그리고 역시 성능과 안전도는 당연히 검토해야 할 요소라는 것을 보여준다.

그리고 기업의 이미지에 미치는 요소로는 전체요소가 전부 영향을 미치지만 브랜드 이미지는 영업품질과 A/S를 제외한 성능, 광고, 옵션 등 6개 요소가 영향을 미친다.

이러한 결과를 어떻게 활용하면 좋을까?

이 또한 호텔과 마찬가지로 각 품질요소 중 어떤 요소의 수치를 상승시키는 것이 다른 요소들에 비해 수월할까? 수치가 낮은 것이 좋다.

다음의 결과를 보면 차의 모양 77.8, A/S 77.6, 안전도 · 성능이 각

품질요소 검토	실제구매요인	고객만족지수 변화
비용/인지가치 (62) ---▸ 67	0.5	76 ---▸ 76.5
안전도 (66) ---▸ 71	1.4	76 ---▸ 77.4
A/S (66) ---▸ 71	1.6	76 ---▸ 77.6
옵션 (69) ---▸ 74	1.1	76 ---▸ 77.1
성능 (73) ---▸ 78	1.4	76 ---▸ 77.4
영업품질 (78) ---▸ 83	0.4	76 ---▸ 76.4
차의 모양 (79) ---▸ 84	1.8	76 ---▸ 77.8
광고 (82) ---▸ 87	0.7	76 ---▸ 76.7

➔ 자동차 CS Model(예) (자료: 미국 미시간대학교 고객만족연구소)

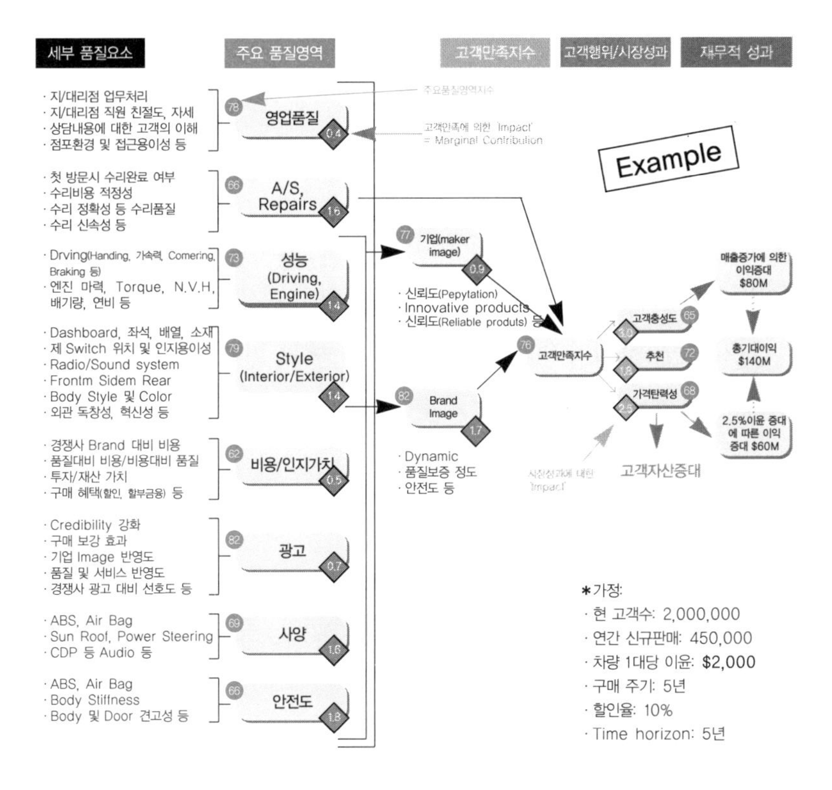

각 77.4로 다른 요소보다 만족지수를 높이는 효과가 크다. 그런데 이 중에서 노력, 비용, 시간이 너무 많이 소요되면 이 또한 바로 해결할 수 없는 요소가 된다. 따라서 노력에 비해 효과가 높은 요소를 보면 A/S와 안전도가 66→77로 비교적 다른 요소보다는 수월하게 수치를 높일 수 있을 것이다.

따라서 같은 71로의 증대지만 만족지수는 77.6으로 안전도보다 높은 A/S에 관한 사항을 개선해야 한다. 만약 세 가지를 선정한다면 A/S, 안전도, 성능을 우선적으로 높여야 하는 경영자 의사결정의 우선순위가 제시되는 것이다.

특히 A/S의 세부 품질요소 중에 차를 구입하고 처음 A/S를 찾아온 고객에 대한 서비스가 제품구매에 많은 영향을 미친다. 이때 고객관리를 잘못하면 해당고객은 해당회사의 관리수준에 대해 의문을 갖게 되어 차후 차량구입 시 다른 회사로 이동하는 고객이 증가된다.

이와 같이 고객이 어떤 제품/서비스에 대한 일반적인 만족요소와 실제 구입 시에 행동으로 나타나는 요소가 다른 것이다. 그러므로 실제 사업정의나 가치변화를 확인할 때는 고객의 관심사항을 정확히 파악하고 이를 기초로 사업의 정의를 재구축하는 것이 효과적이다.

- 회사의 제품/서비스에 대한 고객만족요소는 무엇인가?
- 고객만족요소 중 우선적으로 개선해야 할 요소는 어떤 것이 있나?
- 만약 개선이 된다면 회사의 매출액, 이익에 얼마나 공헌을 할까?

이제는 이런 내용들을 정확히 파악하여 고객의 변화에 대응을 해야 할 것이다.

고객의 구매요인을 미리 파악할 수 있는 제도적 장치가 필요한 시점이다.

2. 꼭 가져야 할 것

기업에서 혁신이 어렵다고 하더라도 기존의 매력적인 사업방법을 모방하거나 새로운 사업방법을 만들어서 스스로 변신을 할 수 있어야 한다.

① 비교우위를 확실히 구축하는 것이다.

최상의 전략은 싸우지 않고 이기는 것이라 한다. 경쟁자에 대한 비교우위를 구축하는 것이 아니라 경쟁자와 다른 우위를 구축하여 새로운 시장을 창출하는 것을 말한다. 회사가 다른 우위를 갖추고 있는 요소를 한번 적어보라. 그리고 오래 지속될 수 있는지 생각해보라. 만약 확실치 않고 불안하면 지금부터라도 비교우위를 더욱 강화하거나 새로운 것을 구축해야 한다.

② 사업영역의 구분을 지워버려야 한다.

우리가 종종 회의에서 듣는 말인 '이것은 우리 사업과 맞지 않는다, 사업방향에 적합하지 않다' 등 일종의 선 긋기 행동은 회사의 행동과 생각하는 방법을 묶어놓을 수 있다. 이는 현상에 안주하려는 사람들이 취하는 첫 번째 방법이다. 고객이 필요한 것이라면 모두 갖춰놓아라. 만약 특별한 아이디어가 나오지 않는다면 창의력 훈련을 먼저 시켜라.

③ 비어 있는 시장을 찾는다.

고객의 잠재욕구나 미충족욕구를 확인하면 또 다른 시장이 있다는 것을 발견할 수 있다. 시장창출의 기회가 많아지고 있는 것이다.

④ 소비자의 기능적 · 감성적 트렌드를 심도 있게 분석한다.

최근의 두드러진 구매현상은 새로운 것을 찾는 것인데 새로운 발명품이 아니라 보다 편리한지, 보다 감성적인지를 확인한다. 구매요인의 공통분모를 좀더 세분화하여 회사에 적합하게 활용하자.

CHAPTER 07

회사의 사업(재)정의 필요성 확인

회사의 사업방법을 재검토할 시기다.

현 시장여건에서 어느 회사의 사업방법이 경쟁력이 있겠는가?

그리고 한쪽에는 실제 만족도를 나타내는 척도를 기재하여 확인할 수 있다.

최근에 만족의 비중이 품질 → 가격 → 감성 → 사용 등으로 이전되고 있다면 사업이나 제품/서비스는 어떤 요소의 비중도가 높은가? 가격의 비중이 높다(예: 저렴한 가격으로 판다)면 이 요소의 경쟁이 치열하니 다른 만족요인을 첨부하거나 전혀 다른 만족요인에 적합한 제품/서비스를 출시해야 한다.

- 시장의 현재상태 파악
- 해당시장이 변화되는 추세 확인
- 그리고 해당고객들의 현황 분석
- 현 사업들은 수명관리에서 어떤 단계에 있는지 확인
- 현 사업들의 성장성과 경쟁력을 정확히 파악
- 실제 회사의 경영상태를 진단한 후 사업재정의 수립

1. 시장현황 파악

(1) 현 시장상태 파악

첫째, 시장의 변화상황을 확인해본다. 시장변화내용을 파악하고 회사에 적합하게 수정하여 회사의 기본경쟁력을 판단할 수 있다.

둘째, 시장점유율과 순이익률의 감소가 일시적인 상황이 아니고

	평가	중요도	척도
시장규모			
시장성장률			
경쟁상황			
시장진입장벽			
시장점유율			

시장규모 · 시장성장률: 매우 크다(7), 크다(6), 큰 편(5), 중간(4), 적은 편(3), 적다(2), 매우 적다(1)로 표시
경쟁상황 · 시장진입장벽 · 시장점유율: 매우 적다(7), 적은 편(5), 중간(4), 큰 편(3), 매우 크다(1)로 표시

해당사업의 가치사슬의 변화와 기술의 변화가 감소요인이라면 사업 재정의에 대한 검토가 필요하다.

다음의 표는 시장의 변화요인을 파악해보는 것이다. 자사에 적합하게 변경하여 수치의 결과가 낮게 나타나면 그 이유를 확인해볼 필요가 있다.

	평가	중요도	척도
시장점유율			
순이익률			
가치사슬의 변화			
기술의 변화			
기타			
계			

순이익률 · 가치사슬의 변화 · 기술의 변화: 매우 적다(7), 적은 편(5), 중간(4), 큰 편(3), 매우 크다(1)로 표시

중요도는 1~7까지의 척도 중에 해당되는 숫자를 기입한다. 중요도를 가산한 실제 중요척도는 어떤 순위를 나타내고 있는가?

이 표를 작성할 때 시장규모는 커서 7점을 받을 수 있지만 의사결정의 중요도가 3이라면 척도는 21점이고, 순이익률은 큰 편이어서 5, 중요도는 5를 나타낸다면 척도는 25점이 되어 시장규모보다 순이익률이 더 좋기 때문에 순이익률이 의사결정의 중요요소가 된다. 만약 순이익률이 감소하여 회사에 대한 기여율이 낮아진다면 기업은 그 요인을 확인하여 보완을 해야 한다. 만약 보완사항이 시장상황의 요인에 대한 내용이라면 사업의 정의에 대한 사항을 검토할 필요가 있다.

위 결과수치는 현 사업의 위치와 변화추세를 확인하는 것이며, 실제 활용을 위해서는 좀더 자세한 사항이 검토되어야 하는데 이는 다음 장에서 제시된다.

(2) 해당시장 변화추세 확인

해당시장의 변화는 회사에 어떤 영향을 미치는가?

해당사업(또는 제품/서비스)이 성숙기를 지나고 있으며 사업의 제

구분	2000년		2002년		2004년		변화이유
	금액	증감	금액	증감	금액	증감	
총규모							
제품매출							
-주요제품 1							
2							
3							
경쟁 A사							
-주요제품 1							
2							
3							
경쟁 B사							
-주요제품 1							
2							
3							
특기사항							

해당시장 매출변화 (금액: 백만 원, 증감: %)

품 포트폴리오에서 점유율과 성장성이 감소된 영역에 회사의 사업이 포함되어 있다면 회사 내의 개선이 필요하다.

경쟁사 중에 최근 성장률이 높은 회사 또는 새로 진입한 회사의 매출동향과 매출증대 이유를 면밀히 검토할 필요가 있으며, 검토된 결과를 잘 활용하면 새로운 사업방향을 파악하는 지름길이 될 수 있다. 작은 회사라고 빠뜨리지 말고 검토하는 것을 잊지 말아야 한다.

(3) 해당고객의 욕구변화방향 검토

누가 우리의 진정한 고객인가?

고객욕구 변화의 정확한 파악은 간단한 개념이면서도 사업활동에 매우 강력한 영향요인이 되는데, 그 이유는 비용대비 수익성이 높은 사업방법과 사업방법의 지속정도를 결정해주기 때문이다.

이제 고객은 기존의 가치에는 별로 관심이 없다. 이제는 자신의 욕구를 채워주는 제품/서비스를 구매하고 싶은 것이다. 풍요시대에 성장한 신세대들의 핵심적인 욕구이다. 이제 기업들이 고객 중심의 가치를 창출해야 하는 중요한 이유이다.

초기욕구	제품을 찾는다
성숙한 욕구	가격인하를 원한다
다양한 욕구	차별화된 제품/서비스를 선호한다
우량고객의 욕구	특별히 다른 제품/서비스를 선택한다

➔ 욕구(Needs)와 수요의 변화관계

욕구가 고객이 구매하고자 하는 제품이나 서비스를 말한다면, 실제구매요인은 어떤 제품/서비스 특성이 고객을 유인하여 수익을 올려줄지를 확인할 수 있는 통찰력을 제공해준다.

사업의 정의에서 우선적으로 확인해야 할 사항은 핵심고객이다. 이들이 바뀌었으면 기존고객을 다시 유치할 것인지, 신규고객을 상대로 사업을 할 것인지를 결정해야 한다. 이 결정에 따라 사업의 정의가 달라질 수 있다. 이때 기존고객인지, 신규고객인지를 결정할 때는 위 표에 있는 구매동기, 구매행동특성 등을 파악하여 단기매출증대, 장기적인 사업 또는 회사의 투입자원규모, 해당회사에서 사업정의의 수용정도 등을 확인하여 결정을 해야 한다.

구분	분류	주요내용
구매현상	누가 구매하는가	
	구매의사 결정형태	
	구매의사 결정참여자	
구매동기	언제	
	어떻게 구매하는가	
	얼마나	
	어디서	
구매자행동특성 ↓ 어떻게 변할 것인가?	왜 구매하는가	
	구매의사 결정변수	
	구매의사 결정과정	
	무엇을 바라고 있는가	
	개선점	
	누가 우리 구매자가 될 수 있는가(잠재/가망고객확인)	
고객수(고정고객수)		
목표고객		

2. 현 사업의 수명단계 확인

현 사업들이 수명관리에서 어떤 단계에 있는지 확인하는 것은 사업을 정의할 때 검토되는 중요한 요소 중의 하나이다. 사업 자체의 시장매력도를 나타내는 것으로 매출과 이익이 증가하다가 매출이나 이익이 감소하면 해당사업에 대한 시장매력도를 파악하여 이에 대한 적절한 조치를 취해야 한다. 분석흐름은 다음과 같이 진행된다.

① 전 제품의 5개년 매출액과 성장률을 검토한다.

② 제품들의 매출액과 이익의 현 상태를 분석한다.

일반적으로 A제품은 이익보다 성장률이 높고, 도입기 B제품은 성장과 이익이 동시에 이루어지고 있으며, 성장기 C제품은 성장보다 이익증가율이 높다. 성숙기 D제품은 도입초기이나 쇠퇴기 제품의

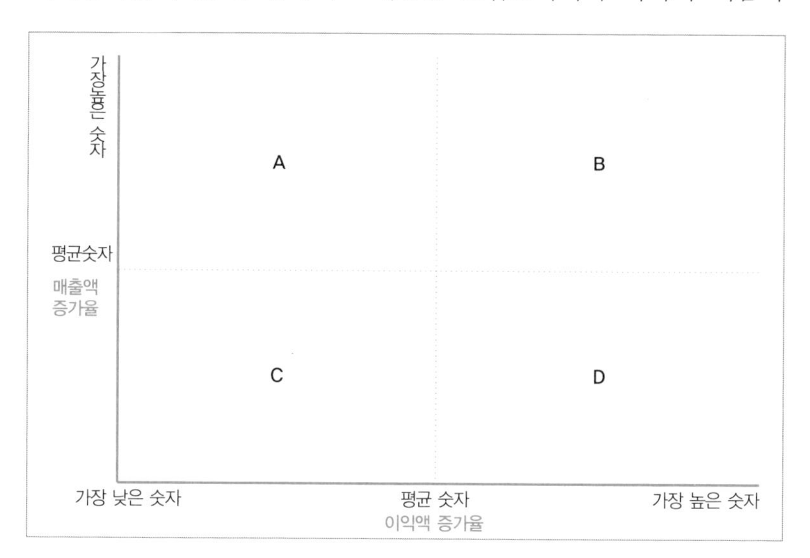

특성을 보이는데, 일반적으로 D의 위치에 있다가 넘어온 것은 쇠퇴기 제품이다. 이에 해당되는 제품을 확인한 후 제품별 전략을 수립할 수 있으며, 이는 적어도 일 년에 한 번씩 작성을 하여 시행하면 제품관리에 대한 노하우를 좀더 축적할 수 있다.

3. 현 사업들의 성장성과 경쟁력을 정확히 파악해본다

사업 포트폴리오 검토는 해당사업이 시장경쟁에서 어떠한 위치에 있는가를 확인할 수 있으며, 차후 사업과 사업 아이템을 어떻게 계획할 것인가를 알 수 있다.

이 그림의 위치는 사업진행과 시장경쟁에 따라 위치가 수시로 변

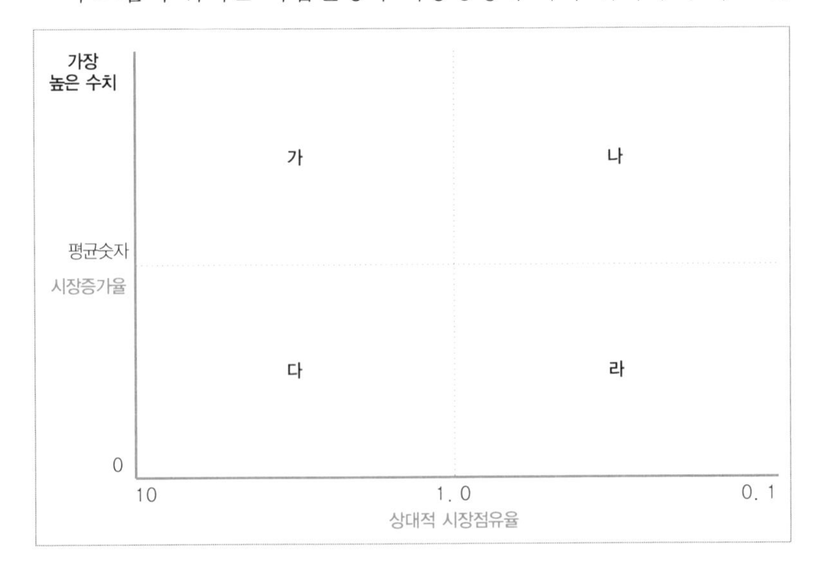

하는 경우도 있는데, 5개년 정도 변화추세를 검토하면 해당사업의 경쟁력이 확인된다. 이때 적정한 시장대응전략이 필요하다. 분석순서는 다음과 같다.

① 제품들의 성장률과 시장점유율을 기재한다.

② 경쟁사 제품의 성장률과 시장점유율, 제품의 특징, 시장의 반응을 기재한다.

③ ①, ② 항의 내용을 중심으로 포트폴리오 그림을 작성한다.

④ '다'의 캐시카우는 제품이 팔리면 이것이 이익으로 환산되어 회사에서 필요한 자금을 공급하는 역할을 한다.

'가' 항은 스타제품이라고 하는데 시장에서 성장률이 높고 점유율도 상승하는 제품군에 포함되는 제품을 말한다. 스타제품은 곧 캐시카우 제품으로 이전하는 경우가 가장 많으나 관리를 소홀히 하면 '나'의 란으로 떨어지게 되어 투자에 대한 효과를 얻지도 못하는 경우가 발생한다. 나머지 두 곳에 있는 제품도 앞에 설명한 각 란의 특징을 참고하면 된다.

⑤ 만약 제품수가 10개라면 이 제품들이 어떻게 분포되어 있는 것이 좋은가?

예를 들어 각 란에 고루 분포되어 있는 것이 좋으므로 각 란에 2~3개씩 나뉘어 있는 것이 이상적이다.

만약 한쪽으로 치우치게 되면 경영에 어려움이 발생한다. 만약 '가'에 셋, '나'에 하나, '다'에 다섯, '라'에 둘이 있다면 향후 몇 년 후에 각 제품들이 시장변화에 따라 이동할 경우 '가'에 둘, '나'에 셋, '다'에 하나, '라'에 다섯이 되어 실제 시장에서 경쟁이 된다. 그러면 차후의 캐시카우 제품이 부족하여 회사는 앞으로 자금회수 부족과 투자자금 인색으로 새로운 제품을 개발, 육성하는 데 어려움을 겪게 된다.

⑥ 따라서 제품의 수명관리와 마찬가지로 회사의 전략도 중요하지만, 영업사원의 역할이 매우 중요하다. 시장관리의 노하우를 축적하여 활용도를 높여야 한다.

사업의 방향과 신제품 또는 기존제품의 변화를 위해 시장에 적합한 전략이 시행되고 있는지를 확인해보고, 그렇지 않다면 사업의 정의를 통해 새로운 사업방법과 제품에 대한 전반적인 검토를 하는 것이 필요하다.

4. 실제 자사의 경영상태 진단

우선 다음의 내용을 확인해보자.

첫째, 시장경쟁이 치열한 상황인데 경쟁의 차별적 요인이 별로 없다.

둘째, 약 3년 전부터 자사의 매출이 계속 하락하고 있으며 이익률도 감소하고 있다.

구분	경쟁사대비			비교우위정도		
	고	중	저	고	중	저
가) 우량고객자산						
-수익성고객보유수						
-총 구입금액						
나) 차별성						
-고객의 인지도						
-시장에서 차별성						
다) 제품 매출과 이익						
-매출규모						
-매출액성장률						
-매출액이익률						
-이익규모						
-이익액성장률						
-순이익률						
-투자수익률						
라) 유통경로						
-직접판매와 간접판매 비율						
-시장장악력						
-시장창출력						
-해당회사제품취급률						
브랜드						
인지도						
신뢰성						
활용도						
경쟁성						
마) 보유특허의 영향						
-발명특허						
-실용특허						
-기타						
계						

상-3, 중-2, 하-1점으로 계산하여 비교

우량고객자산	우량고객의 수, 매출, 이익비중도, 장기고객화 비율
차별성	가장 차별화되고 전략적인 능력 시장에서 고객이 인지하고 있는 차별성과 해당 차별성의 차별정도
제품의 매출과 이익상태와 성장성	증가, 감소, 보합상태와 존속기간을 검토 특히 기업 리딩제품의 매출액 규모
가장 중요한 유통경로	현재 보유 또는 거래하고 있는 유통점의 시장장악력과 시장창출능력
기타 전략적 자산 (특허, 브랜드 네임, 네트워크 내 조절점에서의 위치)	브랜드 인지도의 차이, 해당제품과 기술에 대한 특허의 시장진입장벽의 높이

셋째, 새로운 경쟁자가 나타났는데 그들의 시장잠식 속도를 막기 어렵다.

다섯째, 고객의 욕구가 변화되는 상황이 자주 나타나고 있다.

여섯째, 새로운 기술이나 트렌드가 시장을 변화시키고 있다.

이상의 상황 중에 하나 또는 복수로 나타나는 상황이 지속되고 있으면 반드시 사업의 재정의를 검토해보아야 한다.

비교표를 작성하여 현상을 확인해보자.

특히 자사 경영진단에서 중 · 하에 속하는 비율이 많으면(그것은 어떤 기준치를 정하지 않아도) 평가해보는 당사자가 해당회사와 사업의 현상을 철저히 재확인해 보아야 한다.

그리고 기업경영의 핵심이 무엇인가를 다시 점검해보자. 현재 해당기업이 핵심역량의 원천은 어디에 있는가를 재확인하는 것이다.

다시 한 번 각 요소별로 파악하여 핵심역량의 경쟁력과 수준을 파악해보고 해당기업의 위치를 재확인하고 새로운 경쟁요소를 갖출 수 있는 기회를 가져보자.

구분	세부내용	운영비용	회사의 장점	시장경쟁력
구매체계	–구매방법			
	–거래관계(거래, 협력관계)			
생산	–직생산/하청의 비율			
운영체계	–비용관리/경쟁력			
자본집약도	–투자자본 규모			
	–자본집약도 비율			
	–자본활용 방법			
R/D	–사내개발/외주			
	–공정집중도			
	–개발속도			
	–프로젝트 선정			
조직형태	–중압집중적/탈 중앙집중적			
	–피라미드형/네트워크형			
	–기능적/실무적			
판매 메커니즘	–직판/간접판매			
	–저가유통/적정가유통			
	–외상판매/현금판매			
	–단일제품취급/혼합제품 취급			
	–판매인증/판매 미인증			

검토한 결과에 대해 어떻게 생각하는가?

경쟁사 대비 비교우위, 회사의 매출 및 이익상태, 시장에서의 인기도, 새로운 시장상황의 발견, 우선적으로 개선할 사항 등등 기본 흐름의 간략한 방향은 검토되었을 것이다. 구체적인 것은 앞으로 제시되는 자료들을 더 검토하면서 연구하면 확인이 될 것이다.

중요한 것은 '현 상태로 몇 년 더 성장할 수 있는가, 시장우위를 계속 점유할 수 있는가, 언제 사업전략을 재구축해야 하는가' 의 판단이 빠를수록 좋다는 것이다.

· 작성하면서 느껴지는 사업방법, 변화사항, 꼭 해야 할 내용은 무엇인가?
· 위의 내용 중에서 우선적으로 해야 할 사항은?
· 사업내용과 방법이 바뀌어야 할 것은?
· 어떤 사업시행에서 우선적으로 시행할 방침과 내용은?

이것이 회사의 사업정의를 바꾸는 것이다. 그려지는 사업(재)정의는 무엇인가?

처음에는 문장 식으로 기재해도 상관없다.

CHAPTER 08

사업(재)정의 검토(예)

1. 베이커리사업의 (재)정의

(1) 베이커리사업에 대한 일반적인 현황 검토

제과점 수

	1999년		2002년			2004년		
	점포수	구성비	점포수	구성비	증감율	점포수	구성비	증감율
계	15,676	100	12,769	100	-18.5	11,366	100	-11.0
자 영 업	13,316	84.9	10,537	82.5	-20.9	8,719	76.7	-17.3
프랜차이즈	2,360	15.1	2,133	16.7	- 9.6	2,490	21.9	16.7
인스토어	-		99	0.9	99.0	157	1.4	44.0

➔ 제과점 수(자료원: 대한제과협회) (단위: 개, %)

베이커리사업의 매출은 1999년 이후 계속 감소를 하고 있으며 경쟁이 심해 시장은 성숙기의 특징을 나타내고 있다. 그리고 대기업의 프랜차이즈 형태의 점포는 아직 성장하고 있으나 개인점포는 감소폭이 높은 편이다. 2002년 이후에는 대형 할인점을 중심으로 한 점내 베이커리점포가 새롭게 등장하여 시장을 잠식하고 있다.

앞으로 이러한 현상은 큰 변화가 없는 한 지속될 것으로 예상된다.

매출액 변화추세

업체명	2002년		2003년		2004년		비고
	점포수	매출액	점포수	매출액	점포수	매출액	
계	2,283	4,793	2,535 (11.0)	5,470 (14.1)	2,745 (8.3)	6,454 (18.0)	2,990/7,867 (8.9) (21.9)
파리크라상	1,020	2,703	1,150	2,950	1,300	3,500	1,400/4,470
크라운베이커리	643	1,250	685	1,350	725	1,500	750/1,550
뚜레쥬르	350	500	450	820	485	1,100	590/1407
신라명과	270	340	250	350	235	354	250/440

➔ 프랜차이즈업체별 점포수 · 매출액 추이(자료원: 대한제과협회) (단위: 억 원, %, ( ): 증감률)

대기업 베이커리는 점포의 증가로 매출이 증가하는 추세로 2002년 이후 매년 10% 이상의 성장을 하고 있다. 점포수 증가에 비해 매출액 증가폭이 더 큰 것으로 나타나는데 이것은 고객의 욕구에 적합한 제품구비와 점포분위기의 변신이 큰 역할을 하고 있는 것으로 추측된다.

대형할인점에 위치한 인스토어 베이커리점포의 매출은 지속적으

업체명	2002년		2003년		2004년		2005년	
	점포수	매출액	점포수	매출액	점포수	매출액	점포수	매출액
계	99	1110	132 (33.3)	1450 (30.6)	157 (18.9)	1590 (9.7)	190 (21.0)	1830 (15.1)
㈜데이앤데이	46	650	60	800	73	870	81	1000
㈜롯데브랑제리	32	240	40	300	48	320	58	380
홈플러스베이커리	21	220	32	350	36	400	51	450

인스토어베이커리별 점포수 · 매출액 추이(자료원: 대한제과협회) (단위: 억 원, %, ( ): 증감률)

로 성장하고 있는 할인점업태의 영향으로 볼 수 있다. 이들의 성장은 할인점 점포 증가 수만큼 점포가 계속 증가하여 시장잠식 속도는 높아질 것이다.

따라서 경쟁사의 매출에 영향을 미치며 특히 대부분 자영업 점포의 매출을 잠식하고 있는 상황이어서 자영업자들은 이에 대한 새로운 전략이 필요하다.

베이커리사업의 라이프사이클

베이커리사업의 위치는 어떤 상태인가? 만약 성숙기시장이라도 회사의 노력으로 시장창출, 매출증대, 경쟁력의 우위를 갖출 수 있는가? 갖출 수 있다. 그러므로 시장의 변화와 변화요인을 계속 확인해야 한다.

:: 베이커리사업의 라이프사이클별 특징(예)

① 초창기

이때는 빵이란 것이 찐빵, 만두, 중국빵(호떡, 공기빵 등) 등이 있었는데 이외에 새로운 맛의 서양식 빵이 새롭게 시장에 소개되면서 주식, 간식의 구분 없이 구매가 증가되었다. 그런데 제품이 없으니 맛보다는 먹는 것이 더 중요하였으므로 가격이 우선구매의 중요요소가 되었다. 그리고 대량으로 생산을 하는 기계식 양산빵이 시장을 장악하고 있었다. 따라서 이때의 구매요인은 빵이라는 제품이 중요했고, 그 다음으로는 소득이 많은 편이 아니었으므로 판매가격이 매우 중요하였다.

② 성장기

소비자가 빵에 대하여 알게 되고 또 좋아하는 고객들이 주로 구매량을 증가시키면서 좀더 다양한 빵의 종류를 필요로 하게 되었다. 시장이 증가하면서 다른 경쟁회사들도 하나 둘씩 시장에 진입을 하게 되었으며, 이때 빵 속에 크림, 팥, 쵸코 등등의 함량을 높이면서 제품의 질도 높이고 가격도 다양화하여 소비자의 선택의 폭도 넓어지게 되었다.

또 소득이 증가함으로써 케이크의 수요도 증가하여 별도의 케이크류 판매가 증가하였으며, 별도로 케이크만 먹을 수 있는 조각케이크도 등장하였다.

③ 성숙기와 최근

이제 베이커리사업은 시장포화상태가 되어 서로의 시장을 잠식하면서 성장을 해야 하는 상황에 직면했다. 이를 극복하기 위해 대기업들은 여러 가지 다양한 사업방법을 통해 나름대로의 사업영역을 유지 또는 성장시키고 있다. 그러나 자금, 마케팅, 신제품개발능력 등에서 열위를 가지고 있는 개인 베이커리점포의 수는 감소하고 있다. 따라서 개인 점포들의 사업의 변신이 필요한 상황이다.

각 베이커리회사의 경쟁전략방안을 보면, 하나는 더욱 맛있는 베이커리점포인 델리숍(Deli shop), 또 하나는 베이커리와 커피 등을 먹으며 휴식과 대화를 할 수 있는 베이커리 카페(Bakery Cafe)로 진출하는 것이다. 그 외 베이커리를 더욱 전문화하여 도넛전문점, 케이크전문점, 샌드위치전문점 등등으로 진출을 하고 있다. 또 앞으로는 친환경농산물이나 유기농재료를 이용한 베이커리점포도 등장을 할 것으로 예상된다.

초창기	가격, 보관, 분량 – 대량생산 기업이 주도	
성장기	가격, 신선도, 제품종류 다양화	
성장기 후반	맛, 신선도, 구매편리성(점포수), 이익제품, 제품차별화	
성숙기	구매편리성(점포수 · 제품종류), 점포이미지, 서비스	
최근	대화의 장소, 구매편리성, 제품의 전문성과 서비스의 차별성	
	대화의 장소	들어가고 싶은 곳, 머무르고 싶은 곳, 분위가 있는 곳
	구매편리성	배달, 텔레마케팅, 계획적 전달
	제품차별화와 전문화	재료의 차별화, 특정제품 강화
	서비스의 차별성	목표고객별 관리, 구매고객 서비스 등

(2) 베이커리점포는 어떻게 변화되는 것이 바람직한가

시장변화사항을 심도 있고 다양하게 검토하자

- 해당사업의 총 시장규모는 얼마나 되는가, 그 중 우리 회사의 점유율은 어느 정도인가?
- 최근에 가장 빨리 시장점유율을 증대시킨 기업은 어떤 강점과 차별적 우위를 가지고 있는가?

	증가요인	감소요인
전체시장규모와 변화추세	기본욕구 증대	기본시장의 축소
	점포수의 증가	필요로 하는 점포 부족
	제품종류의 증가	욕구의 이동
	새로운 제품 증가	유사제품 증가
	새로운 개념의 점포 증가	유사사업 증대
	고가제품 구매 증가	신제품개발의 부진
	비고객의 구매	기존 이미지의 진부화 경쟁치열 유사점포로 고객이동

시장의 규모가 증가하는 요인은 무엇인가?

기존고객의 수요가 증가하고, 비고객의 구매가 증가하고, 다른 유사 제품/서비스 사용자의 수요가 전환되어 나타날 것이다.

소득과 생활수준이 변화되면서 욕구가 증가하면 점포수가 증가하고, 제품의 종류도 다양화되어 기본수요가 증가하며, 점포에서 제공되는 서비스가 변한다. 즉, 새로운 개념의 점포가 등장하여 비고객도 사용을 하고, 기존고객이 증가하며, 완전히 차별화된 제품으로 새로운 수요를 창출하는 등등 시장자체가 변화하는 요인들이 많이 나타나고 있다.

수요증가요인을 검토해보면 새로운 필요내용이 파악되어 자사의 사업내용과 방법에 추가를 할 요인이 발생하게 된다.

기존 베이커리사업의 정의는 맛과 구매편의성을 제공하는 사업이라 할 수 있다. 이때의 경쟁전략은 판매유통 점포수와 맛이 차별화된 제품의 보유 수에 있다. 따라서 점포의 수와 위치가 매출증감에 많은 영향을 미치므로 만약 점포수의 증가를 위해 프랜차이즈 제도가 도입되면 해당회사의 경쟁력은 점포의 위치에 있다고 하여 위치사업이라고도 한다.

지금도 이 사업의 정의는 시장에서 별 어려움이 없이 추진되고 있으나 변화를 필요로 하는 요소들이 하나 둘씩 나타나고 있다.

특히 위의 내용에서 성장을 주도하는 것을 확인해보면 기본수요 및 새로운 수요의 증가, 비고객의 흡수가 가장 필요한 요소이다. 수요 면에서는 제품의 질과 서비스를 강화하여 기존고객의 구매량을 늘려야 하며 새로운 제품/서비스의 제공을 통해서는 구매금액이 거의 없거나 구매를 하지 않는 비고객의 유인이 필요하다. 새로운 제품이란 새롭고 독특한 맛을 제공하는 것을 말하고, 새로운 서비스란 고객의 수준에 적합한 다양한 점포구비 및 제품의 종류와 서비스를 제공하는 것을 말한다. 점포의 크기, 분위기의 변화, 제품의 종류와 등급의 차이 등이 앞으로 더 필요하게 될 것이다.

시장수요의 영향요인이 무엇인지 확인해보자

시장의 가치변화와 특징

고객의 가치에 적합한 제품/서비스가 제공되고 있는가를 다시 확인하자.

각 회사의 특성과 전략분석을 통해 가치의 변화로 시장을 잠식당한 경우가 있다면 그 이유는 무엇인지 살펴보자. 실제 시장상황은 어

	점유율 증가요인	점유율 감소요인
자사의 시장점유율과 변화추세	제품력	제품력, 제품수의 열세
	제품수	신제품과 종류의 다양성 부진
	특정제품의 선호도	판매방법변화에 대한 대처 부족
	상권변화	상권의 이동과 세분화
	제품의 변화	인당 생산성 하락(특히 영업사원 생산성 점검)
	제품수의 변화	너무 많다, 필요한 것이 없다
	맛	맛은 기본이다. 그러나 맛의 기준이 변하고 있다
	크기	먹기에 편한 것이 별로 없다
	신제품(동종제품, 이종제품)	특이한 신제품이 없다 신제품의 구별이 없다
	고객접점의 변화	과거의 고객응대방법 사용 점포의 이미지 변화가 없다
	배달: 편리성과 선물수요 증가	앉아서 판매를 한다
	텔레마케팅: 편리성, 시간절약	자기중심의 판매이다
	새로운 서비스 제공	구매 시 외에는 오질 않는다
	기본구매욕구 증대	욕구변화에 대한 대응이 늦다
	구매편의성	취급점포가 적다

떻게 되어 있는가? 새로운 가치가 계속 시장가치를 점유하고 있는가, 아니면 유사한 새로운 가치가 시장우위에 있는가?

이러한 변화에 대하여 자사의 행동은 무엇인가, 실제 효과를 보고 있는가, 진행상황을 아직도 검토하고 있는가, 아니면 별개로 생각하고 관심이 없는가? 이것저것도 아닌 회사의 독자적인 행동을 별도로 취하고 있는가?

가치변화에 대한 대응은 빠른 결론과 실천이 뒤따라야 한다.

시장에서 자사의 시장점유율에 영향을 미치는 요인은 무엇인가? 특히 감소요인의 원인은 무엇인가? 이러한 내용에 대한 세심한 검토가 필요하다.

다시 한 번 고객의 욕구를 확인하고 위의 가치들 중에 어느 사항이 시장에서 비중이 높은지 또는 매출증가요인과 하락요인을 명확히 확인하면 회사에서 할 일의 우선순위를 정할 수 있을 것이다. 이에 회사경영시스템과 적합한 서비스를 갖추어야 한다.

경쟁상황과 경쟁요인을 파악하자

베이커리회사의 경쟁(가능)회사와 경쟁 특징

가치증대가 아닌 일반적인 가치변화 상황을 보면 각 기업별로 차별화된 특징을 가지고 있다. 최근에 변화되는 내용을 살펴보면 베이커리 카페를 운영하는 점포가 증가하고 있고, 도넛전문점은 색다른 맛을 제공하고 있으며, 패스트푸드점은 낮은 가격으로 경쟁하고 있

	시장 총가치	가치점유율	최근 가치 증대회사	해당 업과 유사한 업종
에스프레소 커피숍				
파리바게뜨				
크라운베이커리				
뚜레쥬르				
신라명과				
개인제과점				
전문제과점				
던킨도넛				
케이크전문점				
크리스피도넛				
분식점				
편의점				
떡전문점				
일반 양산빵				
패스트푸드점(맥도날드, 롯데리아)				
제과(식품)회사(과자류 매출)				

다. 그리고 제과회사들은 웰빙 종류의 제품을 추가하고 있으며 편의점은 편리하게 먹을 수 있는 제품(삼각김밥 등)의 매출이 증가하고 있다.

경쟁요소와 경쟁자를 확인하는 것이 우선적으로 되어야 하며 기본적으로 경쟁요소와 특징을 파악하는 방법을 알아야 한다. 회사별 또는 사업별로 경쟁의 특징이 되는 핵심요소를 정하고 이를 4분면의 도표로 작성하여 각 회사가 위치할 수 있는 포지셔닝을 그려본다. 베이커리사업인 경우는 맛, 분위기, 전문적인 제품 소량생산, 전체적인 제품양산 등으로 구분할 수 있다. 그러나 이 구분이 절대적인 것은 아니다. 각 기업이 생각하는 경쟁요소에 적합한 내용을 추출하여 적용하면 된다.

➔ 경쟁매트릭스 도표(예)

자사의 현 경쟁상태는 어떠한가?

경쟁우위 가능성도 파악하자

현재 또는 앞으로 시장점유율을 높이거나 새로운 고객층을 확보할 수 있는 회사를 확인하여 경쟁력과 베이커리회사와의 연관성, 경쟁가능성을 확인해보는 것이다.

	시장크기 /증가율	주고객층	용도	주고객층의 인기도	시장영향도	전망 /경쟁범위
제빵전문점						
개인제빵점						
도넛전문점						
케이크전문점						
분식점						
과자회사						
양산빵회사						
패스트푸드점						
에스프레소 커피전문점						

- 제빵전문점: 뚜레쥬르, 신라명과, 크라운베이커리, 파리바게뜨 등
- 패스트푸드점: 롯데리아, 맥도날드, KFC 등
- 에스프레소 커피전문점: 스타벅스, 파스쿠치, 커피빈 커피숍 등

해당회사의 사업내용, 방법, 특징, 차별화 요소를 파악하여 자사와 어떻게, 무엇이 얼마나 다른지 확인하는 것은 매우 중요하다. 맛, 점포의 활용도, 제품종류, 이용목적 등등이 있다.

자사가 열위에 있는 요소 또는 먼저 앞서 가야 할 요인들을 확인하여 이를 보완하고자 한다면 다음의 표와 같이 주요고객의 욕구에 맞게 회사별 전략을 세워야 한다.

	제빵 전문회사	도넛 전문점	케이크 전문점	분식점	과자회사 /패스트푸드	양산빵회사 /커피숍
주사업						
이미지						
인지도						
맛						
점포 활용도						
제품종류						
객단가						
기타						

➔ 주요고객의 욕구와 회사별 전략

새롭게 갖출 요소를 확인하고 준비하자

이제 필요사항이 정리되었다. 이를 검증하기 위해서 현재 시장 내에서 가장 성장이 높은 회사의 성장요인과 비교하여 확실성을 파악하고 추가 보완사항을 결정하자. 그리고 어떤 내용이 가장 효과적이고 우선적으로 해야 할 것인지를 정하자.

현재 시장에 진입한 회사나 기존 회사 중에 시장에서 가치점유율을 높이고 있는 회사의 특징은 무엇인가? 또 고객이 지금 바라는 가치는 무엇인가?

위에서 해당되는 사항 또는 해당되지 않더라도 자사에서 검토한 내용은 무엇이 있는가?

시장 내에서 성장이 빠른 회사의 이유	제품의 특징
	기업문화의 전달
	배달
	서비스
	고객관리
	이 업종과의 결합
	기타

- 다른 제품도 판매한다.
- 해당제품을 다양화한다.
- 유통점을 확대한다.
- 판매방법을 바꿔보거나 추가한다.
- 커피, 음료도 같이 판다.
- 먹기 편하게 탁자와 의자를 준비한다.
- 기타 다른 이용도를 높이는 방법을 연구한다.

위 사항 중 자사와 연관성 및 투자효과가 높은 것을 선정하여 사업방법에 변화를 주는 것은 당연한 일이다. 따라서 현재 위와 같은 사업방법을 추가하는 회사들이 증가하고 있다.

:: 가치사슬 중심의 검토방법(예)

다음 페이지의 그림을 통해 현 베이커리사업의 경영가치사슬의 변화를 살펴보자.

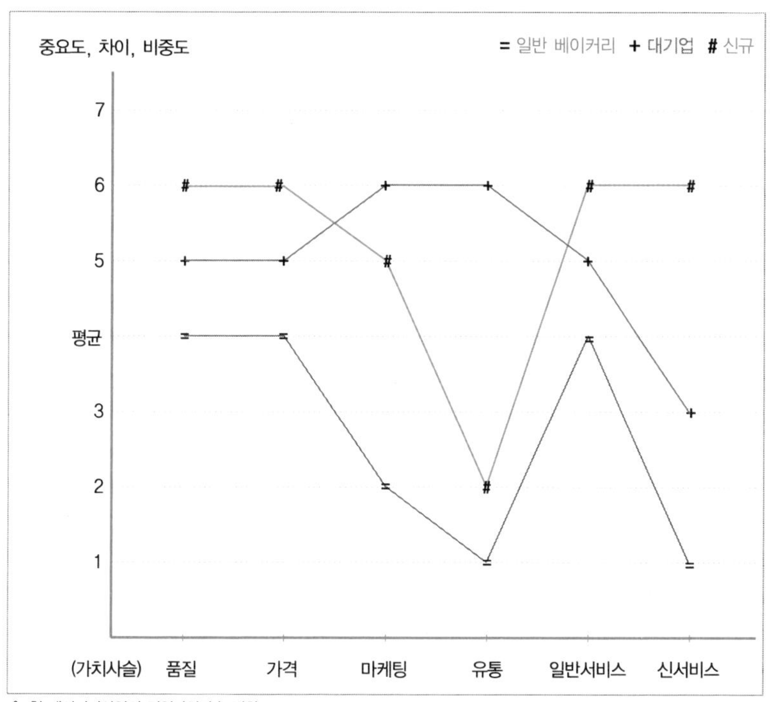

➔ 현 베이커리사업의 경영가치사슬 변화(예)

		일반	대기업	신규
품질	일반적인 제품의 품질(맛, 디자인, 모양 등)	평균	5	6
가격	일반적으로 판매되는 제품에 대한 평균가격	평균	5	6
마케팅	점포와 제품을 알리는 광고, 판촉활동	2	6	5
유통	동일제품을 판매하는 점포수(개별점포와 프랜차이즈는 비교대상이 안 됨)	1	6	2
일반서비스	베이커리점포에서 제공되는 서비스(즉석제조 판매, 점원의 고객응대상태,제품진열상태와 제품의 다양성, 점포의 청결성 등)	평균	5	6
신서비스	고객을 위한 새로운 서비스(대화의 장소 제공, 점포의 이용방법 다양화, 한 단계 질이 좋은 제품 제공 등)	1	3	6

➔ 가치사슬의 변화흐름-가격은 비싼 편이나 품질은 좋고 서비스가 잘 되고 있다. 특히 제공되는 새로운 서비스가 다양화되고 있다.

:: 가치 중심의 검토방법(예)

	일반	대기업	베이커리 카페
효용성	3	4	5
품질수준	3	4	5
가격수준	4	4	2
구매편의	2	4	2
사용편리	4	4	4
감성이미지	3	4	5
제품다양성	4	4	2
서비스수준	2	3	5
편리(편의)성	3	4	3
품질수준	–	–	–
가격수준	–	–	–
구매편의	2	4	2
사용편리	4	4	4
감성이미지	–	–	–
제품다양성	4	5	3
서비스수준	3	4	5
격상된 느낌	3	4	5
나만의 멋	3	4	5
경험구매	3	3	3
보다 좋은 것	3	4	5

평가 내용: 매우 불만(1), 비교적 불만(2), 그저 그렇다(3), 비교적 만족(4), 매우 만족(5)으로 표시

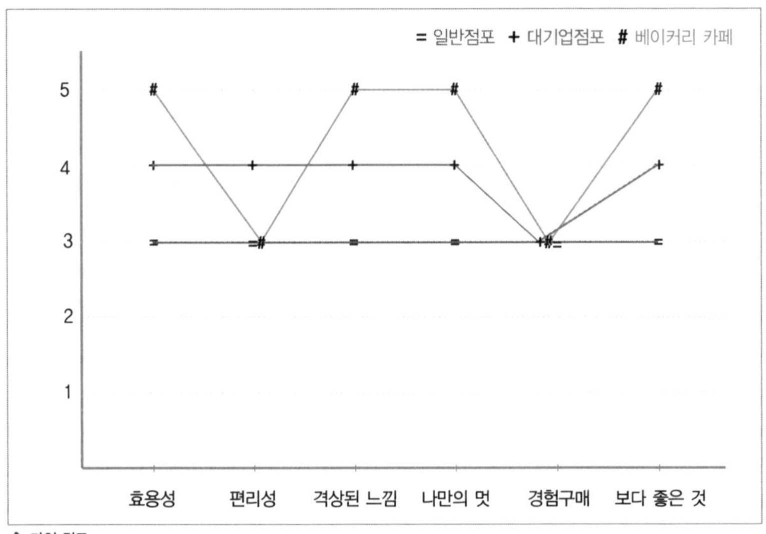

➔ 가치 검토

위의 그림에서 보면 베이커리 카페가 대기업 점포보다 점포수가 적어 편리성에 대한 만족도가 낮은 편이지 다른 요소들은 전부 우위를 나타내고 있다. 이 결과를 보면 새로운 고객만족가치의 변화가 이해되고 앞으로 어떠한 사업방향을 지향하는지를 알 수 있다.

➔ 가치의 변화흐름–가치만족도에서는 가격보다는 품질이 더 중요한데 식품류는 맛이 더 좋아야 한다. 또 프리스티지를 느끼면서 여유로운 생활을 느낄 수 있는 곳을 찾고 있다.

실제 시행할 내용과 방법을 결정해야 한다

이제는 실천에 옮길 때이다.

경쟁이 치열하다. 베이커리사업의 일반적인 경쟁요소는 맛, 점포 접근성, 브랜드, 제품의 다양성, 가격 등이다. 우선 식품이니 맛이 좋아야 하며 쉽게 구매할 수 있도록 점포가 가까이에 있어야 한다. 또한 일반 제품보다 브랜드를 찾는 것이 우선이다. 그 외 제품을 얼마나 보유하고 있는지를 나타내는 제품의 다양성 그리고 가능한 가격이 보다 저렴한 점포를 많이 찾아가고 있다. 이 내용에 근거하여 자사는 어떤 사항에서 차별적 요소를 갖추고 있는가?

베이커리점포의 통계를 보면 개인 베이커리점포는 최근 3~4년 동안 감소가 많고 대기업 브랜드 점포는 유지를 하고 있는 상태인데, 이러한 현상은 개인점포들의 변신이 없는 한 계속될 것이다.

최근 베이커리사업의 가치변화를 보면 세 가지 방향으로 이동하고 있다. 하나는 베이커리 분야를 더욱 전문화시키는 것이고 또 하나는 베이커리사업에 카페 분위기의 점포를 합친 베이커리 카페 사업을 하는 것이다. 그리고 더욱 전문화되고 차별화된 시장으로는 특정 제품의 전문화로 시장을 형성하는 것이다. 도넛전문점과 케이크전문점을 볼 수 있다. 여기에 위와 같은 추세의 변화에서 확인할 수 있는 것으로 좀더 규모가 크고 다양한 서비스를 제공하는 카페형 점포가 필요하게 될 것이다. 여기에는 베이커리 판매비중이 감소하겠지만 이러한 점포도 새로운 욕구로 탄생되는 새로운 베이커리 카페로 나타날 것이다. 또 다른 시장으로는 주 소비층인 젊은이들에 인기가 있는 사업으로 패밀리레스토랑, 에스프레소 대형커피숍 등이 있다. 이 중 최근에 더욱 확장하고 있는 것은 에스프레소 대형커피숍이다(예를 들면 스타벅스, 파스쿠치, 커피빈 커피숍 등). 이들은 커피로 인기를 얻으면서 빵과 케이크류를 추가했는데, 최근에는 이들의 매출액의 10~20%까지 차지하고 있다.

이러한 현상은 최근 2~3년 사이에 등장을 하였다. 이제는 베이커리사업에서 새로운 서비스를 제공하는 새로운 개념의 점포를 찾는 고객이 증가하고 있어 이들 사업자들이 사업을 그대로 간과할 사항이 아니라는 것이다. 이와 같이 가치변화가 다양화하면서 경쟁정도가 심화되고 있다.

따라서 베이커리사업을 다시 검토할 시기인 것이다. 고객의 구매요인은 무엇인가, 또 구매요인은 어떻게 변화하고 있는가를 재확인해야 할 시기다.

베이커리사업의 구분

베이커리사업은 다음과 같이 구분해볼 수 있다.

① 맛과 구매편의성을 제공하는 사업(구매편의성 - 적절한 구매장소 제공)

빵은 맛있다. 그런데 쉽게 구매할 수 있었으면 좋겠다.

② 맛과 새로운 미각을 제공하는 사업

기본적으로 빵은 맛있다. 그러나 더 맛있는 것은 없는가, 또는 색다른 맛은 무엇일까?

③ 맛과 여유를 제공하는 사업

맛있는 빵과 음료도 먹고 여유롭게 친구와 담소도 하고 인터넷 이용도 하고 싶다.

특징	케이크&샌드위치 카페 '투썸플레이스(A Twosome Place)'는 A(혼자), Two(둘, 연인), Some(친구, 동료) 등 누구나 와서 편안하게 쉴 수 있는 만남의 공간을 의미한다.
사업의 정의	일상의 여유와 새로운 카페문화를 제공.
점포 컨셉	맛있는 산책 - 다채로운 먹을거리와 휴식이 있는 정통 유럽풍의 카페
이미지	유럽의 노천 카페에 온 듯한 자유스러운 분위기

점포 Zonning, 즉 공간별 테마(Theme)를 보면

Zone-1. 맛있는 먹을거리가 있는 곳(방금 구운 케이크와 즉석 샌드위치)

Zone-2. 만남의 장소

Zone-3. 휴식 공간

Zone-4. 문화의 장소

➔ 새로운 베이커리 카페의 특징(예) - A Twosome Place

최근의 동향을 볼 때 어느 것이 가장 적합한 사업의 정의라고 생각되는가? 아직 초창기시장이지만 두 번째, 세 번째 방법이 혼재하면서 인기를 끌고 있다. 즉, 생활의 여유를 제공하는 사업이라 할 수 있다. 특히 젊은 층이 많이 찾고 있다.

베이커리점포에 가는 이유는?

빵을 구입하기 위해, 맛있는 것을 먹기 위해, 대화나 여유로운 시간을 즐기기 위해 …….

위의 내용을 좀더 세밀히 구체적으로 검토할 필요가 있다.

빵의 구입은 계속될 것인데 여기에 맛있는 것을 찾는 고객이 젊은 층을 중심으로 증가하고 있다. 또한 소득의 증가와 삶의 여유로 인해 그들은 대화와 여유로운 시간을 그들이 생각하는 분위기 있는 장소에서 즐기고 싶어 한다. 따라서 이제는 사업방법이 변해야 하는데 이의 정확한 방향정립을 위한 사업의 정의를 다시 구축해야 한다.

경쟁매트릭스의 구성은 보는 시각에 따라 달라질 수 있다. 여기서는 특정제품으로 제품종류의 1~2가지로 전문화시키고 있는지, 아니면 다양한 제품을 많이 취급하는지 여부를 중심으로 구분하였다. 또 한 축으로는 고객의 기본 만족도인 제품의 맛과 점포분위기를 중심으로 설정하였다. 베이커리점포가 핵심사업이므로 이들을 중간에 위치하도록 하여 이를 중심으로 경쟁내용과 경쟁력정도의 비중을 중심으로 포지셔닝을 하였다. 즉, 점포분위기가 색다르며 전문화된 제

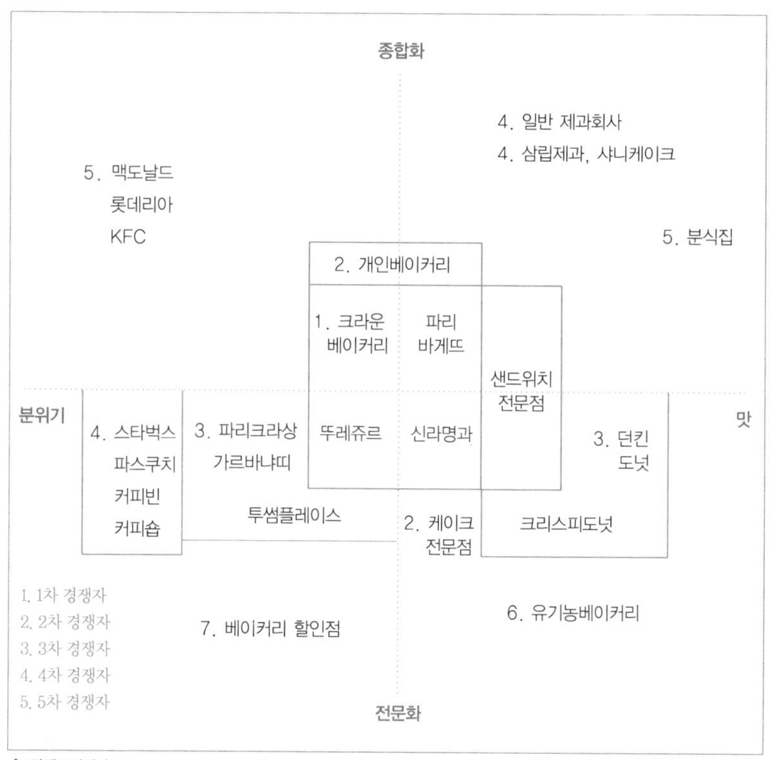

경쟁포지셔닝(예)

품을 제공하는 영역과 전문화되어 있지만 새로운 맛 또는 서로 다른 맛을 제공하는 영역으로 구분을 하였다. 그리고 제품의 종류가 많은 영역은 점포분위기가 보다 좋고 맛이 다른 영역을 중심으로 설정하였다.

그런데 여러 가지 다른 브랜드와 사업영역이 다른 분야도 같이 포함된 이유는 무엇일까?

경쟁요인은 대용식이나 간식을 먹기 위한 곳, 장소의 이용도, 특별한 맛의 선호경향 등을 중심으로 대체성이 있고 고객흡인력 요인이 확실한 사업영역을 선정하였다. 베이커리점포의 경쟁자는 이처럼 다양화되고 있는 것이다.

새로운 맛과 휴식공간을 제공하고 있는 베이커리 카페(투썸플레이스, 파리크라상, 가르바냐띠), 새로운 라이프스타일을 창출하는 크리스피도넛, 던킨도넛과 샌드위치전문점 등이 차별화된 가치로 시장에 등장하고 있으며, 앞으로 유기농베이커리점포도 새롭게 나타나게 될 것이다. 이들은 각자 핵심고객인 젊은 층을 흡수하고 있다. 이들의 활성화는 베이커리사업의 주고객이 일반 베이커리점포에 가는 기회를 빼앗아 갈 것이며(주로 놀던 데서 놀다가 간다-스타벅스, 파스쿠치 또는 커피빈) 또 먹는 기회도 많이 감소시킬 것이다(해당 이용점포에도 베이커리가 준비되어 있다). 그리고 아예 새로운 맛(크리스피도넛)과 라이프스타일(대용식의 증가-던킨도넛, 샌드위치전문점 등)의 변화로 베이커리회사의 고객가치점유율을 빼앗아 갈 것이며 이러한 현상은 계속 증가할 것이다.

가치변화 파악

해당 회사를 현재의 위치에 이르게 한 가치이동 도표를 만들어 본다.

가치이동에서 시장을 잠식당한 경우가 있다면 그 이유는 무엇인가? 또한 현재 시장상황은 어떻게 되어 있는가?

	시장 총가치	가치점유율	최근 가치증대회사
일반베이커리점			
파리바게뜨			
크라운베이커리			
뚜레쥬르			
개인제과점			
전문베이커리점			
던킨도넛			
엠마케이크			
크리스피크림			
샌드위치전문점			
베이커리 카페			
라리			
투썸플레이스			
파리크라상			
커피전문점			
스타벅스			
홀리스			
자바			
씨에틀			
네스카페			
계	100	100	100

➔ 가치변화 점검표(총가치: 매출액+선호도+최근 3개월간의 인기도)

체크리스트

- 최근에 누가 가장 많은 가치를 창출하고 있나?
- 해당회사에 어떠한 영향을 미치며 대처방안은 무엇인가?

고객가치의 변화 흐름

가격보다는 품질이 더 중요하며 권위(Prstige)와 여유로운 생활을 느낄 수 있는 곳을 찾고 있다.

여건변화 – 맛에 대한 기대가 있는 장소, 좋은 사람들과 만나고 싶은 곳

- 달콤하고 부드러운 곳–더욱 맛있는 것을 찾아라.
- 건강을 관리하는 곳–비만, 성인병예방 및 관리제품 추가
- 식문화를 창조하는 곳–가치증대 제품, 대용식, 간식류의 새로운 제품 창조
- 문화를 창출할 수 있는 곳–만남의 장소, 분위기와 컨셉이 있는 곳

구매동향의 검토

- 빵은 간식인가, 주식(대용식)인가?

서로의 매출비율은 확실하지 않지만 최근에 보다 바쁜 생활, 독신자 및 여성 직장인의 증가 등으로 대용식시장이 형성, 증가되고 있다 → 기존 간식시장의 변화가 없다면 대용식시장이 증가하고, 이를 위한 제품과 서비스가 필요해질 것이다.

- 빵을 한 가지만 먹는가, 여러 가지 같이 먹는가?

예전에는 한두 가지, 한두 개 정도의 구입이 많았는데, 이제는 여러 가지를 많이 구입하는 경향이 증가하고 있다 → 다양한 맛을 같이 즐기기를 원하면 시장이 증대할 요인이 발생하고 있는 것이다.

- 빵을 먹을 때 주로 무엇과 같이 먹는가?

여러 가지 빵을 같이 먹고 그 외 커피, 음료 등을 같이 섭취한다 → 최근에는 빵, 케이크와 커피 그리고 여기에 대화 여유를 원하는 고

객이 증가하고 있다 → 따라서 '베이커리 + 카페' 가 있는 새로운 유통점이 인기를 얻고 있다.

• 빵집이 만남의 장소가 되는가?

그냥 빵을 구입하는 장소인가, 구입을 하고 해당장소에서 먹거나 다른 사람을 만나는 장소로 이용되는가? 지역의 차이는 있겠지만 후자의 고객이 증가하는 추세다.

• 빵집이 카페 같다면?

더욱 분위기가 좋은 곳에서 지인들과 대화를 나누면서 빵과 음료를 먹는다면 만족도는 더욱 증가하는가? 최근에 이러한 점포들이 많이 생기는데 과연 객단가 및 고객증가는 이루어지고 있는가 → 생활의 질의 향상은 맛있는 것과 여유로운 대화를 즐김으로써 나타나고 있다.

• 빵을 판매할 때 저렴한 가격으로 많이 파는 것과 적정한 가격으로 적당량을 파는 것 중 어느 것이 고객가치를 증대시키고 수익을 달성할 수 있는가?

→ 회전율이 높은 제품을 저렴하게 판매하여 고객의 새로운 욕구에 대응한다.

고객가치 방향 파악

프리미엄급의 베이커리점포를 선호하는데, 자격요건에서 월등한 맛은 당연하며 여유로운 공간을 갖추고 제공되는 서비스는 격이 있어야 한다.

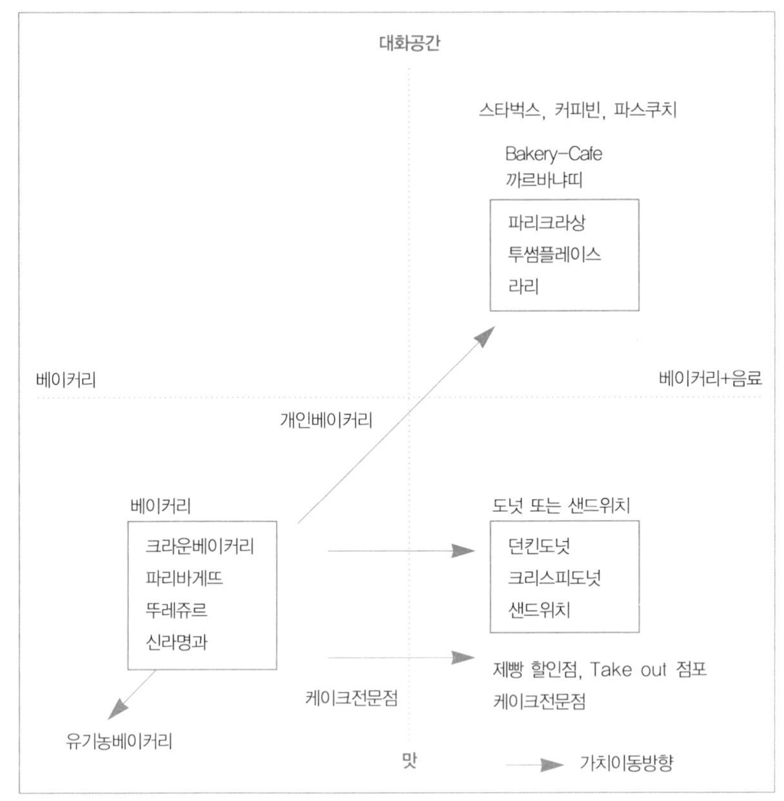

가치포지셔닝(예) - 새로운 경쟁자를 가상한 경쟁매트릭스

체크리스트

앞으로 누가 시장을 리드할까?

- 모방도 전략이다.

- 새로운 정의는 필요하지 않은가?

현재 경쟁에 같이 참여한 회사들의 사업정의를 보면, 보다 새로운 여유문화 창조, 새로운 맛의 제공, 다양한 맛의 제공 등으로 구별된다. 여기서 어떤 사업정의가 새로운 경쟁우위를 확보하여 가장 많은 성장을 할 것인지를 확인해보자. 아직 이들의 사업정의에 의한 사업이 초창기시장이므로 앞으로 약간의 변화는 있겠지만 이들이 취하는 전략과 고객의 동향을 좀더 면밀히 관찰해보자.

가치변화

- 접근성-점포가 많아 찾아가기가 수월하다.
- 신선도-즉석제품의 보유
- 분위기-점포 내에서 자유롭게 다니고 자기 일도 할 수 있다.

	기존사업	유사경쟁사업	고객의 욕구(안)
핵심제품의 맛	맛있다	맛있다	더 맛있게
맛의 다양성	많다	특정제품 중심	많다
객단가	낮다	높다	보통
접근성	좋다	보통	좋다
제품다양성	많다	적다	많다
제품신선도	좋다	보통	좋다
점포분위기	낮다	좋다	비교적 좋다
대화의 장소	없다	있다	있다

고객욕구 중심으로 베이커리점포를 준비해보면 맛은 지금보다 더 맛있고 다양해야 한다. 1인당 객단가는 일반 베이커리점포보다는 높

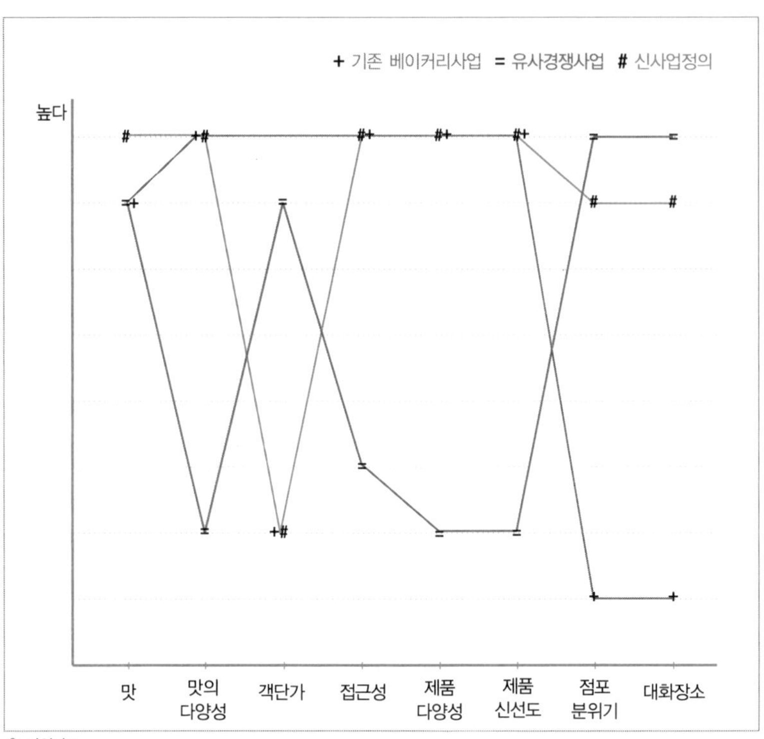

가치비교

지만 유사경쟁업체보다는 낮은 편이 좋다.

제품종류와 신선도는 잘되어 있으면 고객은 더 좋아할 것이다. 그리고 점포가 많아 이용을 쉽게 할 수 있도록 한다. 점포분위기는 너무 고급스럽지 않아도 되지만 대화나 인터넷 등을 할 수 있으면 좋을 것이다.

(3) 베이커리사업의 재정의는 무엇일까

베이커리사업의 방향

베이커리사업의 방향은 다음과 같이 구분해볼 수 있다.

- 맛: 빵은 맛있다. 그리고 제품이 다양했으면 좋겠다.
- 멋: 자기만의 프라이드를 느낄 수 있다.
- 장소: 이용과 구매편리성, 새로운 미각을 제공하는 사업
- 차별성: 맛과 멋의 차별화
- 즐거움(Fun): 여유와 만족감(서비스 포함)
- 문화(공간)사업: 새로운 감성자극 그리고 느낌의 문화를 제공

경쟁우위요소

현 기업의 여건에 따라 알맞게 선정하여 정확하게 추진해야 한다.

- 재료 중심: 유기농, 천연재료 사용증가(유기농베이커리점)
- 맛 중심: 더욱 부드럽고 담백하고 고소하게(좀더 맛있는 베이커리점)
- 점포 중심: 좀더 아늑하고 편안한 곳을 제공(편안한 분위기를 느낄 수 있는 베이커리점)

- 판매방법 중심: 개별관리, 배달(고객에게 편리성을 제공하는 베이커리점)
- 가격 중심: 베이커리 할인점, 고급 베이커리, 테이크아웃(Take-out)용 소형 점포
- 서비스 중심: 차별화된 고객감동 연출

주요점검사항

- 제품선정: 맛, 주요 제품군
- 점포: 분위기, 색상, 진열소재와 진열, 동선, 벽면처리
- 제품제조: 제조, 가공기능(소비자가 직접 참여)
- 비중이 높아진 사업방법: 주문, 배달(대용식, 간식) (접대, 행사)
- 고객관리: 이웃에 있는 빵집-DB, 반복구매, 원료판매, 가공지원, 강습강화(주 단위)
- 고객의 문화공간, 대화공간

사업재정의(예)

앞서 사업정의를 만드는 방법에서 도출된 결론을 여기서 다시 적용을 해보자.

① 가치사슬 변화-비싼 편이나 품질은 좋고 서비스가 잘되고 있다. 특히 새로운 서비스가 다양화되고 있다.

② 고객가치의 변화흐름 - 가격보다는 품질이 더 중요하며 권위(Prestige)와 여유로운 생활을 느낄 수 있는 곳을 찾고 있다.

③ 주요방향 - 프리미엄급의 베이커리점포를 선호하는데 자격요건에서 월등한 맛은 당연하며 여유로운 공간을 갖추고 제공되는 서비스는 격이 있어야 한다.

④ 사업재정의 - 베이커리사업은 생활의 여유로움을 제공하는 사업이라 할 수 있다.

이런 사업방향에 근접하고 있는 회사는 어디일까?

사업내용이 조금씩 차이는 있지만 위의 내용을 갖출 수 있는 사업정의는 네 가지 유형으로 나타나고 있다. 자사에 적합한 사업을 선정해보라.

- 고급 제빵회사: 좀 더 고급 빵과 케이크를 만들어 파는 회사
- 맛 전문회사: 빵과 그 이외의 캔디, 아이스크림 등 맛있는 제품을 파는 회사
- 빵과 여유를 파는 회사: 빵을 팔고 카페를 운영하는 회사
- 전문 제빵회사: 빵과 케이크를 여러 종류를 만들어서 판매하는 회사

이와 같이 나타나고 있는데 이들의 공통점은 맛, 생활에서 여유로움을 느끼려고 하는 욕구에 대응하려는 것임을 알 수 있다.

점포개념

어떤 회사의 종업원들은 제화업을 하고 있는 것으로 알고 있는데 회사는 패션업으로 사업의 정의를 발표한다면, 회사와 종업원이 따로 활동하여 시너지효과를 달성할 수 없으며 실제 활동에서도 많은 불협화음이 발생하게 된다.

(4) 사업(재)정의 정립 후에 할 일(예) – 영업사원을 중심으로

영업사원의 역할변화

대형 프랜차이즈 회사의 영업사원은 단순히 주문을 받고 수금을 하는 역할만으로는 점포와 회사의 가치 있는 매출증대에 아무런 도움이 되지 않는다. 또 경쟁사가 한다고 똑같이 따라 할 필요는 없다. 매출증대는 영업사원의 역할에 따라 달라지는데, 실제 매출에 변화를 줄 수 있는 행동이 필요하다.

영업사원의 역할이 바뀔 때이다. 하루든 일주일이든 몇 군데 점포를 다녀보고 잘 팔리는가, 신제품의 동향은 어떤가, 회사정책이 바뀐 것에 대한 의견은 무엇인가, 수금에는 이상은 없는가 등을 확인하는 역할의 반복은 해당점포의 활성화에 별반 도움이 되지 않는다. 이제는 점포마다 지역특성에 적합한 경영방법, 마케팅전략 등이 필요하다. 그래야 좀더 많은 매출을 달성하고 장기적으로 점포, 나아가 회사의 이미지도 높아지는 것이다. 그래서 해당 관리점포의 상권변화도 파악을 하고 주요고객의 구매패턴이 달라지는 것도 확인을 하여 실제 점주에게 필요한 정보를 제공하고 점주와 같이 경영을 하는 점포운영 컨설턴트가 되어야 한다. 즉, 영업사원이 아닌 컨설턴트로 역할이 바뀌어야 한다.

예전의 영업사원의 역할은 판매량을 높이는 것이 우선이었기 때문에 많은 점포를 관리하면서 많이 파는 것이 주 업무였다. 그러니 표준화된 행동모델을 만들어 가능한 1개 점포 체류시간을 최소화하여 많은 점포를 담당하게 했다. 이제는 소득보다는 개인특성, 가격보다는 맛, 분위기 좋고 친절한 점포를 찾는 것이 보편화되고 있다. 일반고객보다 고정고객 · 충성고객의 비중도가 높아가고 있기 때문에 이들을 위한 점포가 되어야 한다. 이를 개선할 수 있는 역할은 영업사원이 주도가 되어야 하며 점주의 사고방식을 바꾸도록 해야 한다. 따라서 점포의 이익 및 매출목표를 설정하여 실제 활용이 될 수 있도록 점포전략의 수립을 지원하는 일도 매우 중요하다.

단순 주문이나 수금은 다른 사원도 할 수 있고 많은 시간이 소요되는 것도 아니다. 이제는 시간을 활용하여 실제 점포의 활성화, 고객만족의 증대, 회사이익의 공헌에 앞장서야 한다. 또한 영업사원의 자기목표 수립 근거와 달성의지를 매우 중요하게 생각해야 한다.

앞으로 영업사원의 주요기능

맛의 관리자

빵과 케이크는 당연히 맛있어야 한다. 나아가 제품별로 독특한 맛이 있어야 하고, 경쟁제품과 무언가 차별화된 맛이 있어야 한다. 지역고객이 많이 찾는 제품이나 우리 제품 중 특별히 좋아하는 제품에는 확실히 다른 요소가 있다. 그러나 해당점포마다 통일된 매뉴얼에 따라 만들어진 제품에는 차이가 별로 없다. 특히 본사에서 제공하는 케이크는 더욱 그렇다. 그렇다면 브랜드의 쇠퇴, 지역의 개별 베이커리의 도전, 지역고객의 구매장소의 변화 등에 대해서는 어떻게 대처해야 하는가?

지역고객에 대한 맛의 취향과 구매패턴에 대한 연구가 필요하다. 맛의 경쟁력은 절대적인 것이다. 영업사원이 기본조사와 수시확인을 통해 지역고객의 맛을 관리하고, 필요하다면 점주와 같이 개발에 나서야 한다. 당연히 제빵기술도 가지고 있어야 한다.

지역관리 컨설턴트

점포관리에서 지역고객의 맛과 구매패턴이란 이야기가 거론되었다. 이는 지역의 특징을 정확히 파악하여 맛의 관리, 고객유인 판촉방법, 구매패턴에 대한 대처 등에 대한 영업사원의 의견이 제시되어야 한다는 것을 의미한다. 점주가 아침부터 저녁 늦게까지 일을 하는데 점주에게 지역의 특색에 적합한 제품, 맛, 서비스를 개발해서 제공하자고 하면 얼마나 호응이 될까?

영업사원은 지역상권을 정확히 파악하여 이에 적합한 전략을 가지고 있어야 하며, 점포의 영업방향에 대한 자문역을 충실히 수행해야 한다.

점포이익 창출자

맛, 지역관리는 왜 하는가? 고객에게 인기 있고 맛과 서비스가 좋아지면 점포의 매출은 증가할 것이다. 그 결과 점포 손익계산서에 많은 이익을 발생시킬 수 있다.

원가계산, 제반 비용의 산출근거 등을 자세히 확인하고 점주와 상의하여 목표 대 실적관리를 체계화하자.

이제는 영업사원이 직접 손익계산서, 대차대조표, 지역상권보고서, 제품구성에 대한 의견을 제시해야 한다.

영업사원의 역할변화 추세(예)

다음과 같이 영업사원은 자신이 취급하고 있는 제품, 고객의 욕구, 사회 유행흐름 등에 따라 역할을 변화시키고 항상 시장을 앞서나가야 한다.

구분	제1세대 영업방법	제2세대 영업방법	제3세대 영업방법	비고
영업환경	- 위생적/신선함 - 맛/가격 - 상품성/종류	- 맛의 추구(질적 강화) - 신선함/상품다양성 - 맛의 창조 시작	- 맛의 창조 - 자기집의 맛 보유 - 독창적 상품개발	
기본방향	- 영업방법 전문화	- 맛과 가치 관리자(전달자)	- 맛의 창조자	
기본개념	- Prosalesman	- Area Market Consultant	- Creative Taste & Art (Technique) Consultant	
영업활동 및 관리포인트	- 상품지식, 대인관계 - 수금관리, 경쟁정보	- 지역시장 수요파악과 대응 - 마케팅 마인드와 상품의 Life-Cycle관리	- 지역시장 Data Base화 - 소비자 Needs와 상품관리 - 지역시장변수 노하우 축적 - 거래처 경쟁전략, 수지개선 Costdown 시행(물류,유통,재고관리 등)	
필요지식	- 상품지식 - 상품설명 방법 - 거절처리, 클레임 처리 - 수긍 및 거래처 관리 - 경쟁사 정보수집 - 회사자산관리 및 방침 전달	- 지역상권 분석 · 시장규모와 변화추세 · 소비자특성과 선호도 · 거래처별 주요고객확인 · 미 거래시장 침투 - 마케팅 마인드와 상품전략 · 마케팅개념 · 해당시장 구매유형과 · 필요상품선정, 판매 · 상품포트폴리오 분석과 · 시장침투, 유지, 방어 - 거래처 채산분석 · R.O.I 및 B.E.P 분석 · 전략회계개념	- 제품 지식 - 마케팅 컨셉(감성마인드) - 고객관리(CRM) - 시장분석 능력	
필요자세	적극적, 능동적, 경험적	논리적, 경쟁적	체계적, 과학적, 감성적	

(5) 앞으로의 경쟁력(예)

- 친환경제품: 제과/제빵은 먹을거리이다. 따라서 사용되는 원료가 친환경제품, 나아가 유기농제품이어서 고객의 웰빙 욕구에 대응을 해야 할 것이다.
- 주문, 배달: 고객은 편리한 것을 원한다. 그러니 필요한 제빵을 배달하는 것도 하나의 경쟁력으로 대두될 것이다. 특히 케이크 배달은 시장을 선점하는 데 좋은 방법일 것이나 배달방법에 문제가 있어 이에 대한 연구도 필요하다. 특히 점포 크기가 작은 곳은 배달로 규모의 열세를 극복할 수 있다. 또 현재의 고객을 확대하려는 점포를 운영하는 회사가 추가로 검토해볼 수 있는 요인이다.
- 할인점: 전문 제빵할인점의 등장이다. 현 제품의 가격을 약 20~30% 정도 가격을 낮추어서 판매하는 점포이다. 제품종류는 단순화하면서 회전율이 높은 제품을 보다 저렴하게 판매하는 사업방법이다.
- 점포: 더욱 감성화, 개성화, 문화를 느낄 수 있는 곳이다.

2. 다른 사업들의 사업(재)정의 검토(예)

:: 건설업=주택: 건강산업

주택은 가족들의 휴식 · 여유공간이 되어야 한다. 최근 가장 중요한 트렌드이며 기본적으로 고객에게 제공할 사항은 좀더 나은 환경이다. 고객은 좀더 쾌적하고 좋은 분위기를 통한 건강한 삶을 원한다. 그리고 최근에 미약하지만 첨단기술이 제공되는 주택도 등장하고 있는데, 앞으로 이 내용이 혼합된 주택도 등장할 것이다. 따라서 사업의 정의는 '건강+첨단' 사업이 될 수 있다

:: 일반가구사업: 인테리어산업

가구는 수납이 기본기능이지만 집안분위기에 어울려야 하기 때문에 오래전에 인테리어 사업이 기본 사업방향이 되었다.

가구는 디자인이다.

"제품을 팔려고 노력하기보다는 잘 팔리는 제품을 디자인한다."

사무용 가구업체인 퍼시스의 직원들이 가진 기본적인 생각이다. 제품디자인을 잘하면 잘 팔리는 것은 당연하다. 하지만 이를 이해하고 충실히 실천하는 것은 그리 쉬운 일이 아니다.

그런데 고객의 실제생활과 밀접한 가구는 보기만 좋아서는 안 된다. 사용하는 기능이 만족스러워야 한다. 앉아 있는 데 불편하면 그것은 의자가 아니다. 따라서 이러한 가구는 사람들의 체형에 맞도록

제작되는 것이 우선이다. 그러니 과학적인 분석이 중요하고 정밀한 제작이 필수적인 것이다.

:: 침대, 쇼파, 사무용가구: 정밀산업

침대는 어느 광고에서 보았듯이 과학이라고까지 한다. 당연히 숙면을 취해야 하므로 일반가구와는 다르다. 쇼파도 마찬가지다. 푹신한 쇼파는 편안함을 느낄 수 있지만 시간이 지나면서 자세를 흐트러지게 한다. 또한 사무용가구는 업무의 능률을 올려야 한다. 따라서 업무능률을 증대시킬 수 있는 색상, 오래 앉아 있어도 불편하지 않은 의자, 한자리에서 여러 가지 업무처리가 가능한 책상의 면적구성과 효용 등이 같이 어울려야 하므로 과학적인 설계와 제작이 필요하다.

:: 신발=디자인, 편안한 것이 중심사업

신발은 일단 모양이 좋아야 관심을 보인다. 그런데 발이 불편하면 판매가 되지 않는다. 발이 편하면 모양이 뛰어나지 않아도 되는 것이다. 우선 발을 편하게 하자. 발을 편하게 하려면 어떻게 해야 하는가? 발을 편하게 만드는 방법을 많이 연구하고, 편하다는 사실을 고객에게 알려야 한다.

정장화는 브랜드가 잘 알려져 있고 제품도 튼튼한 편이다. 그러나 제품의 종류와 디자인이 다양하지 않다는 단점이 있다.

캐주얼화는 디자인이 좋고 발이 편안한 느낌이나 내구성이 적고,

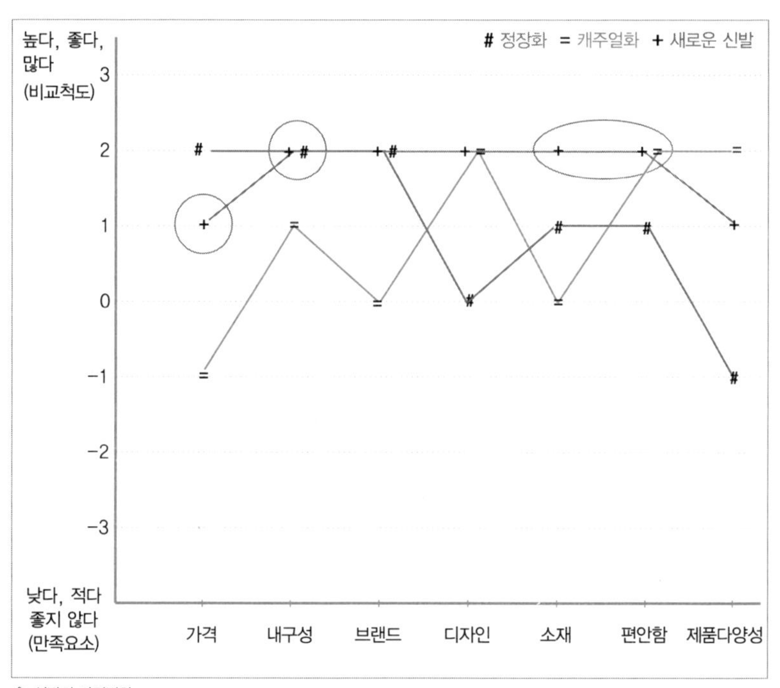

신발의 가치변화

소재가 정장화에 비해 떨어지는 느낌을 갖게 한다. 그러나 제품이 다양하고 가격이 저렴한 것이 장점이다.

내구성도 갖추고 발이 편안하며 디자인이 좋은 신발은 없을까? 또 기존 신발보다 가격이 높지 않은 것이면 더 좋다.

:: 백화점=정보사업

백화점은 최근에 존재하는 유통점 중에서 가장 가격이 높고 우수한 제품을 판매하는 점포이다. 물론 전문점보다는 제품의 양과 폭이 적을 수 있지만 전체 유행이나 제품정보를 주도하고 있는 유통점이다. 따라서 고객이 제품정보와 소비패턴을 가장 잘 확인할 수 있는 장소가 된다.

:: 학습지=육아사업

학습지는 아이들의 성적을 향상시키는 데 많은 역할을 하고 있다. 이제 성적향상은 대부분의 경쟁자가 주장하고 있으며 효과도 있다. 이제는 좀더 아이들이 흥미를 갖고 공부할 수 있는 분위기가 필요하며, 단순히 성적보다는 아이들의 정서, 공부방법, 흥미수단을 생각해야 한다.

:: 안경, 보석, 시계=패션업(디자인)

몸에 치장을 하는 요소 중에 최근 가장 관심이 많은 것들이다. 특히 안경은 대중화되고 선글라스가 개인휴대품이 되면서 가격보다 멋을 찾는 고객이 증가하고 있다.

또 보석의 경우, 예전에는 크고 무게감이 있는 것을 부와 권위의 상징으로 생각하여 지니고 있었다. 하지만 이제는 이러한 것이 불편하고 지니는 데 부담이 되고 있어 작고 가벼우면서 예쁜 모양의 보석을 찾고 있다. 부의 상징보다 개인의 멋에 우선 어울려야 한다.

시계 또한 추가로 언급할 필요가 없는 제품이다. 디자인 능력의 차별화가 되지 않을 것 같으면 다른 사업을 생각하는 것이 유리하다.

:: 호텔=기분산업

호텔에 투숙하는 고객이 호텔을 이용하면서 가장 얻고 싶어 하는 것은 무엇인가?

쾌적한 잠을 자고 맛있는 음식을 먹으며 여가시간을 편안히 지낼 수 있어야 할 것이다. 이들의 기본목적은 무엇인가? 업무, 여행 등의 각기 다른 목적을 갖고 있겠지만, 그들은 집에 있을 때처럼 또는 그 이상의 분위기와 기분을 가지려고 할 것이다.

그러면 호텔에 있을 때 가장 기분이 좋았으면 하는 것은 무엇인

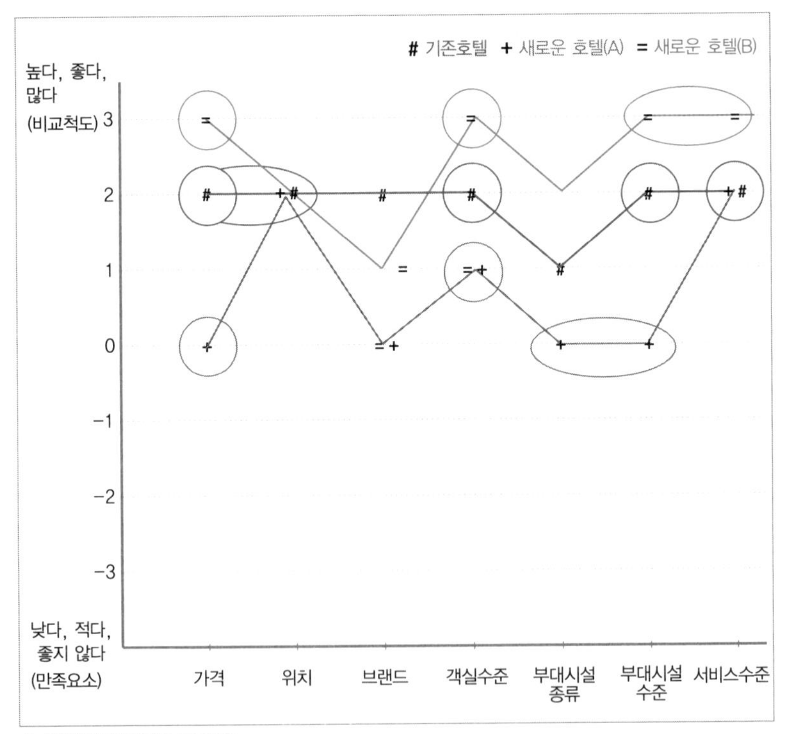

호텔의 가치변화(기준: 특급호텔)

	일반호텔	최근 호텔	새로운 호텔
위치	교통이 편리	교통이 편리	비교적 편리
브랜드	이미지가 좋다	이미지에 격이 있다	새로운 이미지 제공
객실수준	깨끗하다	깨끗+분위기가 있다	깨끗하다
부대시설 종류	적다	다양하다	적다
부대시설 수준	평범	최상급	높은 편이다
가격	저렴	비싸다	중간가격
서비스	평범	격이 있다	제공범위가 적다

가? 이제는 이를 검토해야 할 때이다.

기존호텔의 특징을 보면 국내의 경우 외국에 비해 가격이 비싼 편이고, 시설과 서비스는 좋은 편이다. 그러나 호텔은 위치 비즈니스라고 할 정도로 장소가 좋아야 한다.

고객은 시설이 큰 차이가 없으면서 가격이 좀더 낮은 곳을 찾는 경우가 많다. 일종의 비즈니스호텔이라고도 한다. 그러나 개념은 좀 다른 것이 필요하다. 나아가 아주 귀빈대접을 받고 싶어 하는 호텔에 대한 욕구도 있다. 이때는 가격이 그리 중요한 것은 아니다.

중요한 것은 기존호텔들이 그리 차별점이 없다는 것인데, 이에 대한 검토가 필요한 시점이다.

:: 배달=속도사업

배달은 다른 경쟁자보다 빠르고 정확하게 전달해야 한다.

:: 은행, 증권, 금고=투자사업

현재 제일 중요한 사항이다. 예대마진만 가지고는 금융회사의 수익을 만드는 데 한계가 있다. 그래서 다양한 방법의 투자여건을 찾아 수익을 발생시켜야 한다. 그런데 실제 투자여건을 찾을 수 있는 능력

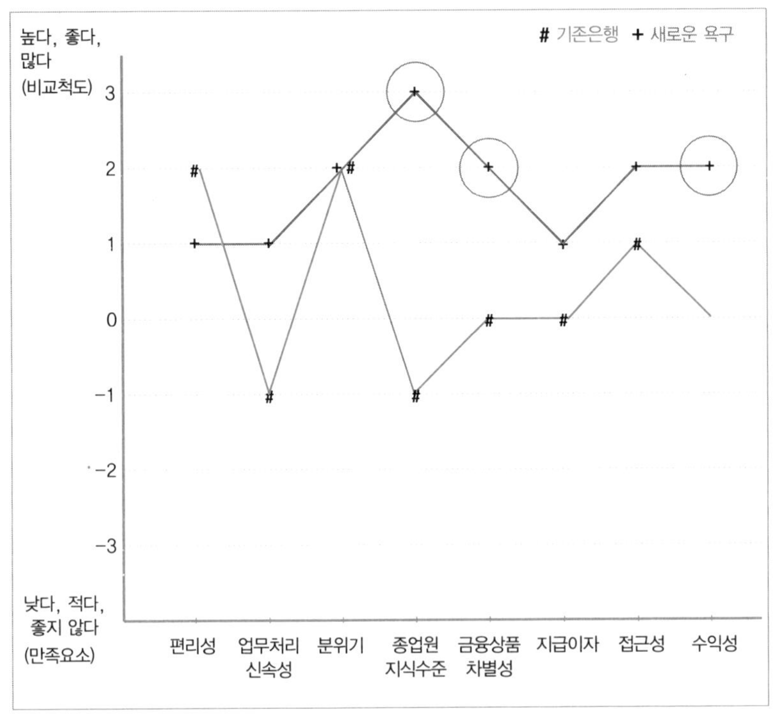

➔ 금융업의 가치변화 (은행을 중심으로)

	과거은행	현재은행	새로운 은행
수익원	예대마진	예대+수수료+투자	투자+수수료+예대마진
종업원 역할	행정관리자	행정+재테크관리자	재테크관리자
점포기능	자금거래장소	업무신속성+투자상담	투자상담+휴식장소
차별화 요소	장소, 편리, 대출	장소, 대출, 자금활용	재테크수익성
상품종류	예금, 대출상품	대출, 재테크	재테크, 대출

을 가진 회사는 얼마나 될까? 직원들은 담보를 중심으로 한 예대마진 업무에 익숙한데, 시간이 필요한 문제이며 이전에 미리 인력개발이 되지 않은 것이 아쉽다.

투자회사가 되면 직원 스스로도 자기개발에 대한 명확한 방향이 제시될 수 있다. 이제는 일반적인 사업의 정의를 넘어서 각 금융회사가 각자의 사업정의가 필요한 시기다.

종업원의 지식수준이 펀드매니저(Fund Manager) 수준은 되어야 하며 각 금융상품별로 전문성을 갖추어야 한다. 그리고 상품도 부동산, 주식, 예금에 국한하지 말고 다양한 투자상품을 갖추어야 한다. 금융사 간의 영역다툼을 버리고 차별화 경쟁력을 갖추어야 한다. 따라서 종업원의 자질개발과 운영제도의 획기적인 변화가 필요하며, 이에 적합한 사업정의를 구축하는 것이 매우 중요하다.

:: 반도체 사업=시간사업

조금 비약된 내용이겠지만 반도체기술이 상위수준에 있는 회사들은 같은 기술을 거의 비슷한 시기에 개발하는 것이 가능하다. 따라서 반도체는 누가 먼저 개발을 했고, 시장을 선도하느냐가 중요한 관건으로 대두되었다. 따라서 이제는 차별적 우위요건이 시간적인 요소라고 할 수 있다.

:: 이동통신 서비스=콘텐츠산업, 정보사업

이는 현재 이동통신 서비스회사가 나아가야 할 방향이 될 수 있다. 모바일폰도 많은 진화를 하고 있다. 통신서비스도 많은 기술/서비스가 소개되고 있다. 그런데 정작 이동통신회사들은 무선인터넷, 부가서비스 등을 추가하여 이동전화 사용료를 증가시키고 있다. 그런데 이러한 서비스의 초점이 정확하지 않다는 것이 문제이다. 누가 사용하는 서비스인가, 어느 고객이 주로 사용해야 하는가, 또 가장 많이 사용하는 고객층이 원하는 것은 무엇인가 등에 배려된 내용은 별반 없고 프로그램, 사용방법 등이 회사의 편의대로 만들어지고 있는 상황이다.

지금까지는 이동통신의 이용이 주요사항이었다면 이제는 어떤 서비스를 사용할까 하는 내용을 결정할 때가 도래하고 있다. 그래서 이동통신회사들은 자기 회사만의 고유한 서비스를 구축하고 비교우위를 갖추어야 한다. 엔터테인먼트 프로그램이 되도록 하든지, 업무를 효율적으로 수행할 수 있도록 하든지, 아니면 정보의 활용이 잘될 수 있도록 하든지 자기만의 특화된 프로그램이 필요하다.

비용가치와 차별성은 사용 후에 느끼는 사항이므로 여기서는 표시만 하고 특별히 다루지는 않는다. 하지만 이동통신 서비스의 차별성은 당연히 존재해야 한다. 그러면 차별성의 요건은 무엇이 되겠는가? 무선인터넷을 이용하려면 이용하려고 접속하는 시간이 오래 걸려 실제 효용성에서 의문이 발생한다. 또 제공되는 프로그램 경쟁사

별로 보면 별반 차이가 없다. 서비스의 기본개념이 바뀌어야 한다. 기술은 가능한 늦게 소개하고 프로그램은 경쟁사 고객들이 사용하지 못하니 우리 고객을 중심으로 하면 되는 것이다. 따라서 내용은 큰 차이가 없고 똑같이 프로그램을 활용할 기회를 제공해야 할 것 아닌가? 해석이 무척 좋다.

아직도 통화품질을 따지는가, 마일리지 서비스가 경쟁력인가? 무선인터넷은 오래 할수록 수입이 증가하니 서핑시간이 좀 길어도 된다.

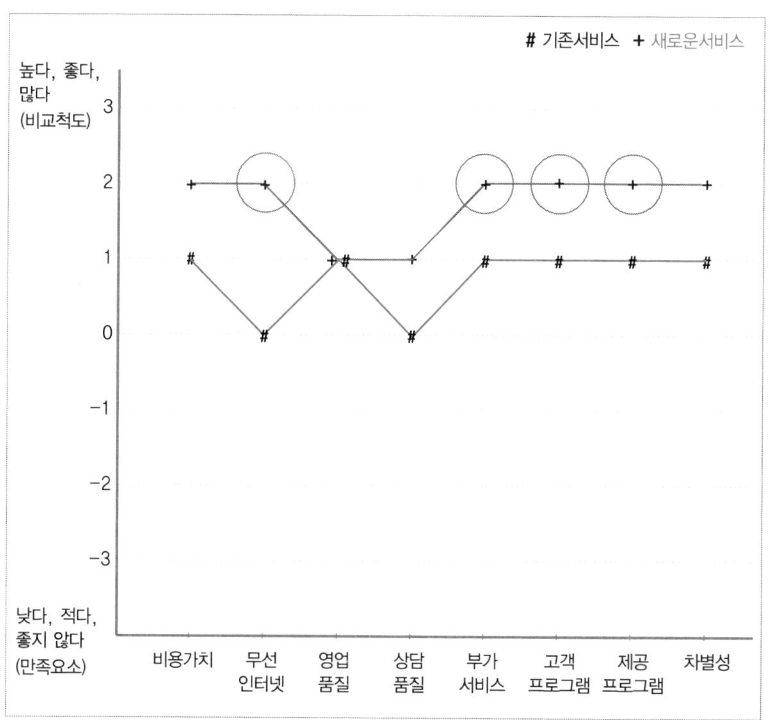

이동통신서비스의 가치변화

차별화 방향이 확실히 정해져 있지 않으니, 아니 아직 차별성을 갖추는 것보다 현재의 상황을 만끽하자. 이제는 핸드폰이 필수품이 되었으니 기본 사용만 해도 수익이 발생하는데 무슨 차별성이 중요한가? 경쟁사도 그대로 있는데 우리도 그냥 있는 것이 나을 것이다.

매너리즘에 빠져 있는지도 모르겠다. 고객의 욕구에 따라 서비스의 내용과 수준을 정하지 말고 신기술과 프로그램은 우선적으로 제공하여 고객의 욕구를 선도하고 사용만족도를 증대시켜야 할 것이다. 이동통신사의 사업을 재정의하여 서비스의 방향을 정립하고 차별화할 시기가 다가오고 있다.

3. 사업의 정의 활용

시대의 변화에 따라 적응력을 얼마나 갖추느냐가 장기적으로 기업을 이끌어가는 기본요인이 되고 있다. 사업의 정의라는 단어는 매우 어렵게 느껴질지 모르지만 사업의 정의가 뜻하는 내용의 변화는 기업들이 많이 해오고 있는 것이다. 이제는 이를 좀더 자세히, 논리적 · 구체적으로 검토해야 할 시기가 되었다. 따라서 본 내용이 회사의 변신에 유용한 하나의 방법론이 되었으면 한다.

산업전체 핵심가치이동(예)을 중심으로 다시 한 번 확인해보자.

• 고객에게 복합기능을 더 추가하는 것이 좋은가, 아니면 더욱 기능을 단순하게 하여 크기, 가격 등과 경쟁을 하는 것이 좋은가?
• 서비스방법에서 온라인 활용을 활성화하는 방안은 고객만족에 얼마나 공헌을 하는가?
• 점포가 없이 사이버 마켓을 개설하여 판매하는 방법 또는 제품의 이미지를 더욱 강화하기 위해 전문제품을 중심으로 판매하는 것도 검토대상이 된다.
• 어떤 것이든지 디자인과 색상은 재검토가 필요하다. 그리고 개인의 주장이 고집이 되지 않도록 전문가의 말을 듣고 시행하여야 한다.
• 같은 가격이면 더욱 몸에 좋고, 편리하고, 멋이 있으면 더욱 좋다(웰빙). 또는 가격이 좀 높더라도 더욱 높은 가치를 얻을 수 있는 것이면 구매한다(매스티지).
• 시장에서 비싼 것도 아니고 또 싼 것도 아닌 것은 그리 호응을 받지 못하고 있다. 비싸면 좋든지 저렴하면 실용적이든지, 이제는 둘 중 하나를 선택해야 더 많은 사업기회가 발생한다. 또한 편하게 하거나, 나아가 제조, 판매, 배달, A/S 등에서 이제는 신속성을 갖추지 않으면 경쟁력을 갖출 수 없다.
• 종국적으로 고객이 구매하면 무엇을 느낄 수 있게 해야 하는가? 내가 이것을 가지고 있거나 사용하거나 입음으로써 나만의 자부심을 느끼게 하면 보다 높은 가격으로 보다 많이 팔 수 있다.

그리고 사업정의의 변화로 성공한 기업에 대한 실제적인 현장중심의 검토를 부탁하였는데 그 결과는 활용이 가능한가?

간략히 확인해보면 점포인 경우, 스타벅스 커피숍은 자유로운 분위기를 즐기게 하고 품질이 좋은 커피(제품)를 판매하고 있다. 화장품전문점 더페이스샵은 분위기가 좋고 제품상담 등 높은 서비스를 제공하면서도 제품가격은 저렴하다. 투썸플레이스 베이커리 카페는 좋은 분위기, 맛있는 케이크와 커피 · 음료의 제공을 통해 나만의 프라이드를 느끼게 하고 있다.

제품의 경우 세탁기 트롬은 다용도실과 거실을 왔다 갔다 하면서 세탁기를 사용하는 것이 아니라 거실에 두고 사용할 수 있도록 제품디자인이 바뀌었다. 또한 단순 빨래기능에서 빨래, 탈수, 건조, 나아가 삶는 기능을 첨가하여 빨래를 한 번에 처리할 수 있게 하였다(복합기능을 갖춘 편리성 증대이다). 모바일폰 스카이는 디자인, 색상, 기능에서 경쟁제품보다 돋보이게 제공하여 여성고객들이 선호하는 브랜드가 되었다. MP3- iPod은 누구든 갖고 싶은 충동을 느끼게 하는데 복합기능이 아닌 MP3 기능만 갖추고 단순하면서 심플한 디자인과 보다 저렴한 가격으로 인기를 끌고 있다. 할리데이비슨은 오토바이를 타는 것이 아니라 자기들만의 문화, 분위기를 느낄 수 있도록 한다. 움직이는 소리, 갖추어야 할 복장, 오토바이 크기와 디자인의 위용 등으로 마니아를 유혹한다.

서비스의 경우 웅진코웨이의 렌탈제도는 적은 비용(사용료만 지

구분(기본목표)	세부요소	차별화 요소	실행, 노력가능 요소
상품/서비스 탐색 (내용이해가 쉽고 빠르게)	–상품/서비스의 특징	주요기능 감성요인 제공할 효익	
	–정보파악	정보접근 소요시간 접근의 신속성 내용의 이해용이성	
구매 (즐거움 제공)	–구매활동	종류의 다양성 가격의 차별성	
	–점 포	점포위치 온라인 점포 무점포 판매 이미지–편안, 깨끗, 럭셔리 구매편리성–동선, 진열, 정보지원 종업원–복장, 미소, 지식수준, 화법 이벤트–마일리지, 판촉활동	
배송 (빠르고 정확히)	–납품	속도 편의성 적시성 제품 설치	
사용 (체험만족도 증대)	–기능적 가치	내구성(TV, 냉장고), 신뢰성(냉방효과, 삶는 효과)	
	–사회적 가치	사회적 인정 정도(고장이 잘 나지 않는다)	
	–감정적 가치	감성, 감정적 교류사항(블로그, 제품이미지)	
	–인식적 가치	상품의 독특성과 만족도(신아이디어 사업/상품)	
	–조건적 가치	가치의 확장(복합기능 제품, 용도의 확대) 효용 권위 재미 이미지 상승 편리성 편안 고객관리 생산성	
애프터서비스 (빠르고 정확히)	–청구	청구절차의 용이성 간편성	
	–고객대응	속도 적시성 소요비용	
폐기/처분 (빠르고 저렴하게)	–처리과정	간편성 처리 비용, 재활용 환경 친화성	

불)으로 좋은 제품과 서비스를 사용하게 한다. 싱가포르 항공의 서비스 방법은 음식을 제공하는 접시만 보아도 다름을 느낄 수 있다.

사업방법의 경우 온라인 상점인 옥션은 사이버상에서 많은 제품을 저렴한 가격으로 구매할 수 있게 하여 적은 비용으로 고객의 구매만족도를 높이고 있다. 사우스웨스트 항공과 델컴퓨터는 앞의 예에서 상세히 다루어서 무엇이 다른가를 충분히 이해할 것이다.

그리고 자사의 사업에 위의 요소를 다시 한번 대비해보라. 열세를 보인다면 즉시 보완해야 한다.

위의 사항을 잘 활용하여 고객의 미충족욕구를 충족시키거나, 아직 형성되지 않은 비고객시장을 창출하거나, 해당기업의 핵심역량을 강화시키기 위해 새롭고 탁월한 다른 방식의 제품이나 서비스를 제공해야 한다. 또한 현재의 핵심역량을 더욱 강화시켜야 할 것이다. 그리고 반드시 핵심역량을 강화할 때 유사사업의 아이디어를 활용하는 것을 잊지 말자.

또 가치사슬별 해당분야의 전문화는 충분히 경쟁력을 갖출 수 있는 방법이 된다. 이들을 잘 파악하여 사업이 다시 경쟁력을 갖출 수 있는 기회를 갖기 바란다. 이들 사항은 기업전체가 같이 돕고 움직여야 하므로 사업의 정의를 정확히 하여 진행하면 더욱 빠르고 쉽게 갖출 수 있다.

《수익지대》(1999. 8), 에이드리언 J. 슬라이워츠키 · 데이비드 J. 모리슨 지음, 곽수일 · 김연성 옮김, 세종서적.

《코끼리를 춤추게 하라》(2003. 8), 루이스 거스너 Jr 지음, 이무열 옮김, 북@북스.

《경쟁의 미래》(2004. 11), C. K. 프라할라드 · 벤카트 라마스와미 지음, 김성수 옮김, 세종서적.

《보스턴컨설팅그룹의 6가지 성공전략》(2005. 3), 미츠코시 유타카 지음, 유준칠 옮김, 보스턴컨설팅그룹 감수, 이지북.

《블루오션전략》(2005. 4), W. Chan Kim · Renee Mauborgne 지음, 강혜구 옮김, 교보문고.

《미래기업의 조건》(2005. 5), 클레이튼 M. 크리스텐슨 외 지음, 이진원 옮김, 딜로이트 컨설팅 코리아 감수, 비즈니스북스.

《트레이딩 업》(2005. 5), 마이클 J. 실버스타인 · 닐 피스크 지음, 보스턴컨설팅그룹 옮김, 세종서적.

《성장과 혁신》(2005. 7), 클레이튼 M. 크리스텐슨 · 마이클 E. 레이너 지음, 딜로이트컨설팅코리아 옮김, 세종서적.

《제3의 공간》(2006. 2), 크리스티안 미쿤다 지음, 최기철 · 박성신 옮김, 미래의 창.

《미래형 비즈니스 법칙》(2006. 4), 안냐 푀르스터 · 페터 크로이츠 지음, 이연수 옮김, 북플래너.

LG경제연구원, 주간경제 각 자료.

Business definition

사업정의와 경영전략

1판 1쇄 인쇄 | 2006년 11월 24일
1판 1쇄 발행 | 2006년 11월 30일

지은이 정영복 · 김옥중
펴낸곳 한스컨텐츠(주) | **펴낸이** 최준석

주소 121-839 서울시 마포구 서교동 392-11 파크빌딩 2층
전화 02-322-7970 | **팩스** 02-322-0058
출판신고번호 제 313-2004-000096호 | **신고일자** 2004년 4월 21일

ISBN 89-92008-14-7 13320